尊敬されない教師

諏訪哲二
Suwa Tetsuji

ベスト新書
494

はじめに

医者はまだ尊敬されているようだが、教師はあまり尊敬されないようになってかなり時間が経つ。世の中からあんまりありがたい存在と思われなくなった。これは個々の教師がダメになったということではなく、職業として、その社会的あり方の評価が低下したということである。私もつぶさにその転換を身をもって経験している。

教師のレベルが落ちたのだというスキャンダラスな物言いも流行っているが（『教師の本分』尾《お》木《ぎ》直《なお》樹《き》、『残念な教員』林《はやし》純《じゅん》次《じ》など）、必ずしも教師の質が下がったとはいえない。

教師という職業

私も三七年間高校教師を務め、「教師とはどういう存在であるか」「私という教師はどういう教師なのか」をずっと考え続けてきたが、いまだによくわからない。不思議なことに世の中には「教育とは何か」「教師とは何か」「人間が成長するとはどういうことか」がよくわかっていて、その高い、正しい位置から教師を論じる人がいる。そういう人たちに特徴的なのは「こう述べている私は絶対に正しい考えを持っている」「かくいう私は非常に優秀な教師である」という確信を強く持ち、その確信に少しも揺らぎが見えないことである。

教師は子どもという他者と対面しているのだから、いつも揺らいでいる。自分のやっていることに確信を持ちにくい。一方、「優れた」人には世にたくさん居る教師たちの欠点やら弱点やら人間性のダメな点やらが、あたかも「神」がご覧になっているかのようにすべて完璧に見えるらしい。だから教師に権威がなくなり、教師が尊敬されなくなったのもすべて教師たちの、あるいは、教師の個々の問題性に一元化できるのである。その証明として、自分の優れた頭脳やすごい教師としての確信があるらしい。

したがって、教師が現実に持つ弱点や欠点や傾向性をあらゆる視座から批判することになる。どんな職業人だって、批判しようとすればいくらでも欠点は出てくる。いうなれば、現実の教師を三六〇度の角度から批判するわけだから、「神」のなさっている業《わざ》としか思えないような断罪なのである。

最近も教育をよくするためというよりは、教師を批判するために書いたとしか思えない

『残念な教員　学校教育の失敗学』（林純次、光文社新書、二〇一五）がよく売れているという。この中身は「私のやっている教育はいいが、ほかの教員のやっていることはほぼダメだ」「私のやっている教育は生徒を成長させているが、ほかの教員はほぼ成長させていない」というものだから、ほとんど批評に値しないくらい能天気なものなのだが、たくさんの読者が買っているという事実は無視できない。

世の教師たちの権威を守るためにも、その論説の基本構造について少し批判をしておかなければならないと思う。教師は労苦に比して批判されすぎている。

『残念な教員』は本当か

筆者は一九七五年生まれ、京都大学大学院教育学研究科を修了して大手新聞社の記者となり、その後フリーランスのジャーナリストに転身、現在は関西の中高一貫校で教員をしているとのこと。氏は「まえがき」に結論的にこう書いている。

〈ここまで述べてきたように、私は、プロフェッショナルとして生徒の成長という「結果」を重んじるスタンスで教育活動を行っている。本書を執筆した目的も、プロフェッショナルと呼べる教師が増え、日本中の生徒が大きく成長できることを願ってのことだ〉

簡単に翻訳すれば、私は教師のプロフェッショナルとして「結果」を出す実践を実際にやっている。日本の教師たちも私の教育活動に学んで立派な教師になり、日本中の生徒たちを「成長」させることを願っている、という内容である。まだあまり教員の経験はないようだが、ものすごく高い自負心である。現場の教師がこれだけの大言壮語《たいげんそうご》をしたのをいままで見たことがない。ことによると、林氏は「いっている」ほど傲慢《ごうまん》な人ではないのかもしれないが、少なくとも「いっている」ことから判断すると傲岸不遜《ごうがんふそん》に読める。

いずれにしても、私は林氏の実践を見ていないので、氏が自負しているような立派で優秀な教師であるかどうかはわからない。ただ常識的に自分がプロフェッショナルな教師のモデルと自称している人はかなり怪しいと思うし、そんなにすごい教師は居るはずがない。だいたい百万人もいる教師たちの理想のあり方を一人の人が担えるとは思えない。それに林氏は〈私の経験で言えば、50％以上の教員は大多数の生徒よりも鈍感であり、道徳の面でも劣っている〉と断言（誹謗《ひぼう》）している。教師でありながら、これほどはっきりと教師に攻撃的な言説を展開する人もめずらしい。

「鈍感」についてはあとで私見を述べるが、とりあえず皮肉をいわせてもらえば、教員の五〇パーセント以上が（生徒より）鈍感だとすれば、教師たちは林氏のプロフェッショナルな教師としての優秀さに気づかないだろう。そして、仮にそのことに気づいたとしても、〈道徳の面でも劣っている〉からがんばって氏の優秀さを学ぼうなどと考えもしないだろう。氏の自負と日本の教育への情熱は空振りに終わる可能性大である。

教師は生徒の成長を止められない

私は林氏の現場での実態は見たことがないから、書いていることを採り上げて吟味するしかない。ここから真摯《しんし》に氏の言説を分析してみよう。

氏は最初の決意表明のような部分で、〈成長〉という言葉を二回使っている。〈生徒の成長という「結果」を重んじるスタンスで教育活動を行っている〉と、〈日本中の生徒が大きく成長できることを願ってのことだ〉である。けっしてイチャモンでなく、私にはこの「成長」の意味がよくわからない。成長という表現はごく一般的に使われ、動植物が大きくなることにも、子どもが一人前になっていくことにも、あるいは、人格的に立派になっていくことにも使われている。どちらかというと、「自然《じねん》」的な意味で使われている。そのモノ（ひと）の本質に従って、成体になっていくイメージである。つまり、教育という「作為」による働きかけの結果（成果）として「成長」するとはあまりいわない。

おそらく、林氏の「成長」には学力や成績の向上が入っているのではないかと思うが、一般に生徒の学力（成績）が「成長」したとはいわない。「いやぁ、今度のテストでうちのクラスは成績が成長してねえ」などとはいわない。「成長」はその個体（個人）が自らの本質に沿って（もちろん、誰かや何かに支えられて）「していく（してしまう）」もので、「させる」ものではないといったらおわかりになるだろうか。林氏が「成長」という言葉に教育の成果のエッセンスを込めていることはよくわかるが、言葉としてはあまりにもゆるく茫洋《ぼうよう》としている。

余計なことだが、最近、学者・研究者のほとんどは「成長」や「発達」などという言葉を使っていない。アカデミズムでは死語に近い。「自己形成」とか「自己生成」などという語句が使われるようになっている。なぜなら、子ども（ひと）は誰でもどのようにも「成長」するものだからである。

林氏は〈筆者が（教員たちを）「残念」と評する理由はただ一点、「生徒を成長させない」という意味においてである〉と大見栄を切っている。先に書いたように、「成長」はモノやひとに内在する本質だから、誰かに止めることはできない。ましてや、教師に〈生徒を成長させない〉などという離れ業《わざ》はできない。どんな形であれ、生徒は良くも悪くも「成長」していってしまう。「成長」とはそういうものである。

生徒はいい教師からもダメな教師からも、そして、親やおとなたちや情報などに学んでプラスにもマイナスにも「成長」していく。生徒はダメな教師からもプラスを学べるし、いい教師からもマイナスを学ぶことができる。どんな教師にも〈生徒を成長させない〉などということは絶対にできない。

問題はその教師の考える「成長」と、ある生徒が望んだり、また、意志にかかわらずしてしまう「成長」が同じ質のものかどうかだけである。だから、林氏の教育活動によって「成長」して登場するはずの生徒像、個人像、人間像も明示すべきなのである。明示しなかったのは自分の理想像が当然みんなの考える理想像と同じものだと思っているからなのであろう。しかし、みんながイメージしている理想の（ありうべき）人間像はそれぞれに違うのであり、子ども（生徒）たちもそれぞれに独自に「成長」していく。林氏の考えているような画一的な「成長」をみんなが遂げるなどということはありえない（林氏の望んでいる「成長」にはならない）。

教師に尊敬は必要か

もうひとつ問題として採り上げるべきだと思うのは、〈残念な教員の大半は、〝鈍感〟である〉の「鈍感」である。このほかにも〈人間の皮をかぶったモンスターが、人間の子どもを騙して飯を食っている〉などとかなりひどいことをいっているが、〈道徳の面でも劣っている〉にしろ、〈人間の皮をかぶったモンスター〉にしろ、〈人間の子どもを騙して飯を食っている〉にしても、敢えて批判する必要はなかろう。批判したら、こちらの品性が落ちてしまう。根拠がないし、よっぽどほかの教師たちに理解されなかったり、非難されたりした私怨《しえん》をはらしているような気がする。教員は特に立派だったり優秀だったりすることはないと思うが、ふつうの人と比べて特に道徳性において劣っているとか、子ども（生徒）を精神的に貪《むさぼ》り食っているということはない。林氏の筆は滑りすぎている。

但し、教師の鈍感さといえばいささか思い当たるところがないではない。教師のありようについて大方の教師は鈍感だと思う。教師は「尊敬されるべき」とされる公的なあり方（建前）と、「自分は尊敬されている」と錯覚する私的な思いとがごっちゃになって、うまく分別できないところがある。生徒が建前で「尊敬」するふりをしているのを、本気だと思いがちである。

「尊敬されない教師」にかこつけていえば、教師というのは「尊敬に値する」仕事というよりは、「尊敬を必要とする」仕事である。子どもが自己形成していく上で教師はできるだけ「尊敬」された方がいい。現在でも教師は世間でも学校でも権威は失墜しつつあるとはいえ、「尊敬される」気風はなくなっていない。それは教師が「尊敬を必要とする」仕事であるからである。社会意識として必要とされているのだ。世間的に「教師」として「尊敬される」約束になっているからであって、教師のみんなや教師の個人が「尊敬に値する」からではない。ここを勘違いして、教師は「センセー、センセー」といわれると、自分自身が知的能力に優れた人格性、高潔な人物であると思いがちなのである。その点ではまさに「鈍感」といえる。

私は教師は特に優れている人がなっているとも、特に優れた人がなるべき職業とも思っていないが、教師はとりあえず権威あるものと見なされるべきだし、「尊敬を必要とする」職業だと思っている。それは近代の学校が近代社会を維持・発展させられる社会的な個人を育成する使命を持つからである。近代的な個人は子ども（生徒）が目指すべきものであり、自己変革して登って行かねばならないものである。その際どうしても目の前に居る教師がそのモデルと見なされる。だから、「教師への尊敬」は教師にとってではなく、子ども（生徒）の自己形成にとって重要なインパクトを持つのである。

ひとつの真実

そういう暗黙の「世間智」によって、権威衰えたりとはいえ、いまだ世間の常識でも学校のシステムでも「教師を特別扱いする気風」は消滅してしまったわけではない。そして、どんな子ども（生徒）でも教師を「尊敬」する気持ちを持っている方が、教育（学習）の成果は上がるのである。

結局、子ども（生徒）が自己を小さいものとして謙虚に眺める姿勢を持つからであろう。子どものときから「あの先生はたいしたことない」と思っているより、「あの教師は信用できる」と思っていた方が勉強も人格形成も進むに決まっている。子どもはあまり早く自立しない方がいい。学ぶということは自分が学ぶ者としてまだ「小さい存在」であるという自覚が必要だからである。もちろん、いい教師、ダメな教師を見分けるのも子どもの成長にとっては必要なことではあろうが、子どものときは他人《ひと》を値踏みする習慣を身につけないで、「信頼」から歩み始めるのがいい。

たかが教師なのだから、「尊敬」しても子どもの魂のすべてが染められるわけはない。

あまり教育を過大視しない方がいい。その教師が客観的に見て「尊敬に値しない人物」であってもかまわない。「尊敬に値する」と見なされていればいいのである。これが教師が「尊敬を必要とする」ことの真実の一端である。

いま、その必要性に改めて気づかなくてはならないときに差しかかっている。

『尊敬されない教師』◆目次

第2章　混迷する教育現場

第3章　子どもはなぜ変わったか

第4章　教育を動かすちから

第5章 教師が尊敬されない国に未来はない

第1章 教師への誤解

教師の役割

子どもは教育を必要とする。生まれた共同体（社会）の文化や宗教や習俗や生活様式をまず身につけなければならない。こういう人間社会に必要な文化やマナーやルールは、子どもが自ら望み、かつ、選んで学ぶわけではない。その内容や教育の方法はその国（地域）の社会のありようによってすでに決められているからである。子どもはその社会に合うように創られ、自己形成するのであり、それが教育の根底である。

個性の実現とか「自分探し」とか幸福の実現とか語られる教育のうるわしき目標は、その子がまずその社会に適応できるちからを身につけた上で追求されるべきものである。社会的人間（「近代的な個人」）としての基礎を身につけないで、個性や独自性を語っても空疎なだけである。

教育はまず社会的人間としての知的・身体的能力と資質を身につけることであり、その子ども（生徒）が自らの個性や独自性を発展させていくことは、学校の教育力によるというよりは、自らの生命力、成長力によるものであろう。そこは教育の管理下ではない。学校が終わっても、ひとは成長していかなければならない。

日本では教育学がいいかげんなので、この二つのプロセスが混同して論じられているのだ。人間の基礎を創ることと、その個が自分を拓いて自己実現していくこととは別である。前者は明らかに教育だが、後者は一人ひとりの能力や意欲にかかわっている。前者は強制だが、後者は自分で決めることである。つまり、ひとがひと（「社会的な個人」）になるために身につけなければならない「知」や技術や生活様式はまず押しつけられるのである。

日本でも子どもが学ぶべき知的内容は文部科学省の「学習指導要領」で成文化されている。子どもはその教育内容を受け取ったり、受け取らなかったりする自由はあるが、学ぶべき知的体系が厳然とあることを否定することはできない（法的にも能力的にもできない）。社会の主流の文化を受け容れなければならない。これは強制である。社会のルールを受けつけなければ罰則（暴力）がある。もちろん、勉強することはその個人の幸福や利益につながると理屈づけられており、それもあながち否定することはできないが、文化の枠組みを受け容れなければならない強制性は否定できない。文化の枠組みにはまって個人になる。

だから、世の人たちは気づいていないと思うが、多くの教師たちは勉強させることがその子の幸福につながると単純に信じて教師をやっているのではなく、どこか「知」を押しつけていることとの後ろめたさを感受している。勉強することに対する子ども（生徒）たちの忌避感を感じるし、ときには「教えていること」に怯《ひる》みさえ感じるものである。これがまっとうな教師の感覚である。子どもたちが望んでいないものも教えなければならない。「子どもは教育されねばならない」「子どもには教育が必要である」「子どもは学びたがっている」などさまざまないいまわしで、子どもは「教育そのもの」を受け容れざるをえないし、「家庭」でも「地域」でもおとなをモデルとして学んでいるわけである。

地球上のあらゆる地域で同じ文化が教えられているのではなく、文化、宗教、習俗の異なるものが普遍としてその地の子どもたちに押しつけられていることを考えれば、教育の本質には強制（暴力）が隠されていることに気づかざるをえないはずである。ということは、すべての子どもが必ずしも学ぶことに喜びを見出すわけではない。しかし同時に、それでも人間社会は次の世代に文化を身につけさせなければならない（強制性を持つ）人類の宿命に気づかざるをえない。

つまり、教師は人類史の持つ矛盾を担わされている。教師は「自由の尊重」と「強制的に教える」という矛盾した作業を毎日しているのである。これだけでも教師は立派に尊敬されてしかるべきだと私は思う。教師は知っている知識を教えていればいいわけではない。

尊敬はフィクションである

しかし、教師はいつになっても客観的な立場や普遍的な立場に立つことはできない。これは不可能な課題としていつも心に留めておくべきことであろう。教師だから「正しい」立場に立てるとか、「客観的な」見方ができるという思い込みから、とりわけ教師は自由になるべきである。

反省的に述べれば、教師であった頃、私は何年経験を重ねても、「生徒が私のことをこう思っているだろうな」という主観的な思い込みと、実際に「生徒たちがそう思っている私」の実態とのあいだに、いつも大きな距離があることに気づいて愕然《がくぜん》とすることが多かった。つねに自己本位に考えてしまうのだ。どうしても自己のありようを甘く見るというか、自己評価が実態（生徒たちの思い）より上がってしまうのである。

たとえば、教師である私は生徒（たち）に「これだけの愛情と信頼」を注いでいるのだから、生徒たちは当然それに見合うだけの「お返し」の気持ちを（少なくとも心のなかでは）持っているはずだと思い込んでしまう。こういう思い込みは必ず空振りに終わった。教師になった最初から教師を辞める最後の最後までそのすれ違いはなくならなかった。

生徒（たち）はありのままの一人の「おとな」である私を見ているのではなく、まず「教師」としての私を見ているのである。学校に居る教師の一人として見ているのである。

教師は自分に向けられる「尊敬」が建前やフィクションであり、虚構であることを知っている必要があると思う。一対一で向き合っているのではない。もちろん、大変困難なことだが、それができれば教師が教育対象として扱っていても、対等な人間である子ども（生徒）の人格を「尊敬」することにつながると思う。これは大事なことだ。

とはいえ、私は教師が「鈍感」であることを非難する気はあまりない。前述の林氏は自分のナイーヴさ、とりわけ、自分の生徒たちを理解しているレベルに比してまわりの教師が「鈍感」だと思っているのであろうが、本当に生徒という人間に対面することはかなりのエネルギーを必要とする。毎日数十人のそれぞれに考えや個性の異なる生徒を相手にしていて道徳的に偉そうなことをいったり、「正しいこと」を述べたり、真理や科学を解説したりすることは、ふつうの生活者の感覚ではできない。

教師には「思い上がり」がどうしても必要なのである。生活規律などでどうしてもいわざるをえないことはやむをえないが、それでも何となく聞き流している生徒もいれば、嫌な顔をする子もいる。生徒の内面を傷つけてしまうこともないではない。

だから、私は最後の時期には担任をしていても、朝のホームルームでは事務的な伝達しかしなかった。そうしたら、面白いことに私が規律的なことをいえば（内面で）反発するに違いないエゴの強い生徒が、「諏訪先生は私たちが嫌いだから、ホームルームで長い話をしない」といって歩いていたとのことだ。これは卒業式の謝恩会で、ある母親から耳にしたことだが、教師をしていること、とりわけ、クラスの担任をしていることは生徒たちのエゴと向き合うことでもあるのだ。お互いの誤解、すれ違いは避けられない。

鈍感な教師は悪くない

だから、「鈍感」な人が教師になったというよりは、教師をやっているうちにだんだんと自己防衛をして頑《かたく》なで「鈍感」になってしまうのかもしれない。いずれにしても、あまりナイーヴだと教師をやっていられないことは事実だ。

私事《わたくしごと》だが、私という教師はふつうの人たちよりかなり神経質であり、教師とやりあったりするのは平気なのだが、生徒と神経的・精神的に衝突すると身体・精神の不調が生じ、心因性の病気になる。これはあちこちで書いたことでもあるが、一九八〇年代中葉、低位の高校で生徒たちとうまくいかず、すっかり気力・体力を喪失し、気管支喘息《ぜんそく》にかかって二度ほど呼吸困難（窒息直前の状態）に陥り、死にかけたことがある（救急車を二度呼んだ）。

教育評論家や自ら優れていると自負している優秀教師のなかには、たとえば、クラスの生徒の一人ひとりの精神や気持ちや抱えている問題点を完全に掌握し、それぞれの生徒に見合った「正しい」指導をするのが当然だという意見を述べる人がいるが、そんなこと誰にもできるわけがない。ましてや、数十人の生徒たちのエゴとどう折り合いをつけて、お互いの精神の安定と日常のクラスの平穏を保つかの方がずっと問題なのである。「教師がいうと、生徒がいうことを聞く」などと、教師と生徒の関係を教育的信頼に満ち満ちた情愛の水路だなどと思い込んでいる人は、教育や学校のことを論じない方がいい。

教師の「鈍感」さはもちろん賞められたものとはいえないが、「鈍感」さを持っていないと毎日がやっていけないことも事実なのである。だから、林氏のいうように〈残念な教員の大半は、〃鈍感〃である〉ではなく、教員の多くは「鈍感」であり、それもそれほど非難される謂《いわ》れはないのだ。林氏が「鈍感」な教師より個々の生徒をより深く理解できているとしても、自分の理解力や許容力の幅のなかで理解しているにすぎず、常識的に考えてほかの教員とそんなに違うはずがない。また、林氏の理解しにくいところをほかの教師はよく理解しているかもしれないし、とにかく、「自分だけがよくわかっている」という自己讃美だけが鼻につく。

教師はたとえ一人の生徒についてもよくわかっていないし、ましてや、数十人の生徒の人間を理解するなどという離れ業などできるわけがない。誰しも自分の理解できる枠と幅のなかに生徒を押し込んで理解したつもりになっているだけである。

教師というと何かふつうの人より特別優れた理解力を持っていて、子ども（生徒）をよく理解することができると信じ込んでいる人が居るのは困ったことである。教師も近代社会の知的分業のひとつであり、特に倫理的に優れた質を持っているわけではない。ふつうの人でちょっと成績がよい、割と真面目で杓子定規《しゃくしじょうぎ》な人が教師になる確率が高い。すべての教師が林センセーのように頭が良くて感受性豊かだったら、生徒は窮屈で息もできなくなってしまうだろう。

教育を構成する四つのちから

教師のあり方を規定する学校のあり方も戦後の革新勢力によっていわれたように、政府や文科省（旧文部省）が一方的に作り上げているわけではない。後述するが、明治以来の戦前の教育も、天皇制による臣民教育だけがなされていたわけではなく、産業社会に見合う市民教育もおこなわれていたわけである。戦後も政府や文部省に有利な保守的な人材教育だけがおこなわれていたわけではなく、革新的なイデオロギーによる市民教育や左翼的な教育もおこなわれていた。体制側の保守的な教育と反体制側の革新的な教育が相争っているあいだに、産業社会の発展にともない「民間」から産業社会に見合うような資本主義的な人材の育成も学校に浸透してきた。一九六〇年代後半からである。

そういう学校の教育を動かすちからを図式化して、私は「行政のちから」「民間のちから」「教員のちから」「子ども（生徒）のちから」の四つがせめぎ合っていると考えている。「尊敬されない教師」もそういう力関係のなかから発生してくる。

「行政のちから」は国や自治体の政治のあり方の影響を受け、財界からの圧力や学界からの要請も含まれている。

「民間のちから」は個人の自立と利益の追求を基とする市民社会（経済社会）のあり方の反映であり、親からの教育要求もここに入る。

「教員のちから」は主として近代の「知」の伝達や生活様式、生活技能の教授を通じて子ども（生徒）の人格の形成を目指すものである。

そして、「子ども（生徒）のちから」は上記の三つの動きのなかに投げ出され、自己を近代的主体に形成していこうとする営みといったらいいだろうか。

子ども（生徒）は昔から教師の「いうがままに従い学ぶ存在」ではなく、時代や個体の影響を受けた強い主体性を持ったものであることを意識すべきである。アカデミズムではそういう子どもの主体性が強く意識されるようになっているが、マスコミなどの教育論評などで教師の指導によって左右される受け身的な存在のように語られるのは、現実問題としても原理的な問題としても間違っている。教師と生徒は価値を争っているのである。子ども（生徒）は学校のなかのひとつの駆動力として認知すべきである。

権威失墜の発端

戦前は学校をめぐる「行政のちから」「民間のちから」「教員のちから」「子どものちから」が強大な軍事・経済大国を目指す上で、みんなほぼ同じ方向を向いていた。「行政のちから」「民間のちから」「子どものちから」に支えられて「教員のちから」は絶対的な指導力が認められていた。学校もやりやすかったはずである。教師は尊敬されていた。

戦後は学校を動かすちからの配置や力関係が変わってくるが、一九六〇（昭和三五）年ぐらいの「農業社会的近代」まで、「教員のちから」はまだかなりの影響力を持っていた。私たちシニア世代はその時代の生徒であった。

戦後も教育を動かすちからの中心には「行政のちから」が位置していたが、反行政的な勢力としての教員組合などの「教員のちから」と現場で勢力争いを続けた。やがて、そういう政治的・思想的な争いとは別のちからである、産業社会の成立にともなう市民社会の「民間のちから」が親や生徒や世論を通じて学校に浸透するようになる。戦後の学校を変えたのはこのちからである。つまり、市民社会的なちからである。「民間のちから」が大きく張り出すことによって、「行政のちから」も「教員のちから」もどんどん勢力を弱め後退することになる。

産業社会に見合う子ども（生徒）の成績向上、子どもの商品価値を高める学力向上、受験のための教育・学校が、「行政のちから」が企図していた国家を大事に考える国民形成や、「教員のちから」が推し進めようとしてきた市民形成による公共性の復活を図る教育を押しのける形で、国民の要求として強く望まれるようになっていった。

さらに、それに追い打ちをかけたのが、一九七〇年代後半からの「消費社会的近代」への突入である。経済構造・社会構造が大きく変わり、社会や家庭の意識が自己利益（経済）中心に変わってくる。公共性や精神性より経済性によって動かされる社会である。子ども（生徒）のありようも私的エゴによる経済主体の傾向を強く示してくる。共同体的なものに支えられない個人が登場し、自己の利益、自己の基準に沿って自己主張するようになる。

その結果、一九八〇（昭和五五）年を越えて教育問題・学校問題（校内暴力、不登校、いじめ、家庭内暴力、高校中退、ひきこもり、学力低下等）が多様に噴出することになり、特に公立学校の「教員のちから」が大きく後退し、教育・学校のちからの減少とともに、教師の権威の失墜、すなわち、「尊敬されない教師」が登場してくることになった。

そして、国民の教育の指導機関であるはずの「教育行政」（文科省、教育委員会）がサービス機関化して、「民間のちから」に追随するようになる。教育・学校を変えたのは「民間のちから」（経済のちから）であり、つまりは、市民社会的なちからだったのである。

教師の権威の失墜は教育・学校における「公的なもの」の後退、「私的なもの」の前進、教育の公共性の低下、教育の市場化の結果として生じた。長いことといわれている「教育の荒廃」の原因は「消費社会化」による社会構造、社会意識の変化によるものである。それを直接に動かしたのは「民間のちから」の私的利益追求のエゴによるものなのである。つまり、親と生徒である。かくして、全国的に私学の隆盛の時代となったわけである。子ども（生徒）の経済的な交換価値を高めるためである。

埼玉県立M高校担任の入学式欠席問題

「公的（公共的）なもの」と「私的なもの」が分離し、「私的なもの」がちからを持ってくるのが近代社会の宿命である。ギリシャの経済危機もヨーロッパ共同体という「公」よりも、ギリシャの利益である「私」をドラスティックに守ろうとする動きから生じた。当然、ギリシャ国内ではギリシャ（「公」）を守るのと、我が家の生活（「私」）を守るのとでは、「私」が優先しているのであろう。

事柄は小さいが、ちょっとした社会問題になったものに、埼玉の県立M高校（いまは中位化しているが、戦前は県内に一〇校もなかった旧制中学の伝統校であり、男子校でかつては東西南北にある旧制中学ナンバースクール四校の次ぐらいに位置していた。また、県西部に多くの実力ある教員を輩出していることでも有名だった）の中年女性教師の入学式欠席問題がある。二〇一四年の春である。

女性教師はM高校の新入生の担任に予定されていた。ところが、ご子息が別の高校に入り、あいにくなことに入学式が重なってしまった。そこで当日は勤務校に休暇届を出し、ご子息の入学式に参列したのである。まさに公私の区別において意見の分かれるところである。

M高校の入学式にたまたま同校OBの県議会議員が来賓として出席しており、フェイスブックに〈新入学生の思いも考えず私事の都合で簡単に職場を放棄する態度には憤りを感じざるを得ません〉などと書き込んだ。いまどき県議が参列する入学式はほとんどない。いまはその勢いが私学の隆盛に圧《お》されて低下しつつあるが、M高校はかつては確かに伝統も実績もある実力校だった。OBはM高を誇りにしているのである。

ここからは憶測だが、埼玉県西部には川越高校という県でナンバー2ぐらいに位置する男子校がある。ノーベル物理学賞を受賞した梶《かじ》田《た》隆章《たかあき》さんの出身校である。なお、因縁話めくが梶田さんの出身地はM高校が所在する市である。その教師の息子さんはここへ入学した可能性がある。しかし、そうだとすると川越高も県立だから、M高OBの県議がヒステリーを起こした根拠が薄くなる。おそらく、強く受験実績を上げている私立高校が二、三校近くにあるので、そのうちのひとつに合格したのではないかと推測される。

そういう私学の勃興のおかげでM高校は成績が低下しつつあることは明らかだから、OBの県議氏はよっぽど頭にきたに違いない。埼玉は東京に近いので成績のいい生徒が東京の私立高校に大量に通っており、おかげで県立高校の大学進学の実績が下がっていることは、つねに県議会でも問題にされている。そんなこんなでM校OBの県議会議員はキレたのであろう。

つけ加えると、県議会議員氏のフェイスブックのあと、『埼玉新聞』が記事にし、埼玉県教育長が県立学校の校長会で〈担任がいないことに気付いた新入生や保護者から心配、不安の声が上がった。生徒が安心して高校生活をスタートできる体制づくりと心配りに努めてほしい〉と注意したとのこと（『サンデー毎日』二〇一四年五月四日号）。

ここまでは事実経過であるが、これからが「公私」の区別、そして、教員の仕事や責任をめぐって問題にしたいことである。

教師が「私」を優先することは間違いか

このトラブルはテレビでも採り上げられて全国化したのだが、ネット上で大論争になった原因にはもう一人の方の登場が必要だった。

教育問題にかんしてマスコミで圧倒的といえるほどの影響力をお持ちの、教育評論家の尾木直樹さんがこの入学式を欠席した教員に対して非常に強い否定的なコメントを出したのである。これは予想外だった。尾木さんは「公」と「私」の対立では、必ずといっていいくらい「私」を支援する習性があるからだ。

私は尾木さんとは一九九〇年前後に深夜テレビで教育問題についてやりあったこともあり、その後のコメントや活躍を注目しているが、「公」よりは「私」をいつも大事にする人なので、まさか否定的なコメントをするとは思わなかった。これは世の人々もネット族も同じだったらしく、尾木さんのブログは炎上状態になったとのことだ。ブログでどのような発言をしたかわからないが、マスコミでは以下のような発言をしている。

〈思いとどまらなかった教師も、説得できなかった校長も責任は重い〉(『朝日新聞』四月二三日)

〈こんなケース、聞いたことない。担任が入学式を欠席するなんてありえない〉

〈入学式には子も親も、どんな先生だろうと思って来ます。(中略)個別の事情は分からないが、教師は聖職でそれだけの職責がある。嫌ならならなければいいのです〉(『サンデー毎日』)

尾木さんがまったく予測しなかったことに、尾木さんのコメントへの賛否は「否」が若干上まわったのである。尾木さんの教師批判は最近ますます強烈になっている。その勢いで教師の「私」の事情を考慮しない「教師聖職論」になってしまったのではないかと思われる。

私は尾木さんはアナクロな「教師聖職論者」より近代的、合理的な「教師専門職論者」だと思っていたので一驚した次第である。あの発言では時代錯誤の保守主義者と論難されても反論のしようがない。しかし、尾木さんはいつも公正に中立に正しい立ち位置に居ると自ら固く信じている（後述）。

「Ｙａｈｏｏ！ニュース」のアンケートで「担任が自分の子供の行事を理由に学校行事を欠席することをどう思うか」は「問題だと思う」が約43％、「問題だと思わない」が約48％だったという（『サンデー毎日』）からそんなに尾木さん批判者が多かったわけではない。それでも「みんなの味方」を自負し、自信を持っていた尾木さんは非常に衝撃を受けたらしく、この件にかんする『教師の本分　生徒と我が子の入学式、どっちが大事か？』（毎日新聞社、二〇一四）といういいわけじみた本を出している。

氏は「まえがき」でこう述べている。

〈私の評論家としての自負は、常に世論の動向を見誤らなかったということです。これは、世論に迎合したということではなくて、その都度の私の発言を支持してくれる人が、反対の人より多かったということです〉

何かこのコメントは座りが悪いというか、歯切れが悪いというか、落ち着かない文章である。思うに、この文章には「私の評論はいつも絶対に正しい」という確信というか前提が隠されているからではないか。そういう前提がなければ、〈世論に迎合した〉から〈支持してくれる人〉が多かったのではないかといわれても反論できないはずである。それに、〈常に世論の動向を見誤らなかった〉も気に入らない。こんなことは評論を仕事としている本人がいうことではない。アンケートや国民投票をしたわけではないからである。他人《ひと》が尾木さんの活動を評価して賞めたのだったらいいが、自らそういうのはおかしい。〈見誤らなかった〉も本人の判断なら、〈支持してくれる人が、反対の人より多かった〉という判断も本人のもので客観性がない。私のように本を出すたんびに尾木さんを批判している人間もいるし、発言する場もなく黙っている人たちも多かろう。どうして〈反対の人より多かった〉と断言できるのか。こういう言説も「公」的なものの後退、「私」的なものの全盛という社会的な傾向の一環なのである。

尾木さんは「公」的な言説をしているつもりで、徹底的に「私」的な物言いをしている。ただ、ジャーナリズムやものをいいたがる人たちの間では強く支持されていることは否定できない。近頃、よく耳にする反知性主義の一種であろう。教育言説が劣化しつつあるのである。だが、サイレントマジョリティ（ものいわぬ多数派）という言葉もある。腹のなかで「何いっているんだ」と反発している人も多いかもしれない。

いずれにしても、〈常に世論の動向を見誤らなかった〉はすごいコメントである。そんなこと人間に可能なのだろうか。いつも世論と並んで走っている人、つまり、日和見をする人、風見鶏と呼ばれるような人、右顧左眄《うこさべん》する人は、ある意味人間の本性のひとつだろうから非難するには当たらないが、私にとって不思議なのは〈世論の動向〉と尾木さんの意見がいつも一致していたらしいことである。ふつうそんなことは起こりえない。政界の風見鶏と揶揄された（若い頃の）元総理、中曽根康弘《なかそねやすひろ》氏でさえも、何度も判断を誤って狼狽《ろうばい》したお顔を写真や映像で人目に曝《さら》している。あのイエスでさえも判断を誤って処刑台上で天上の「神」に繰《く》り言《ごと》をいっている。

余計なことだが、私は尾木さんの意見にはいつも部分的に賛成するところがあるが、いわゆる世論なるものと一致する意見を持ったことはほとんどない。とりわけ、「いじめ」問題については尾木さんが「大津いじめ事件」で第三者委員会のリーダーシップを取ってマスコミを完全に操作することに成功したために、マスコミの主張と私の見解が一致することはまるでない。世論は完全に「加害者摘発論」になってしまった。加害者が生徒であることの考慮が少なくなってしまった。

教師らしさとは何か

話を入学式欠席問題に戻そう。私自身も当該の女性教師は思いとどまるべきだったと思うし、校長は説得すべきだったと思う。教師（特に担任）としての「公」と、母親としての「私」とが衝突したら、よっぽどのことがないかぎり「公」を優先すべきだと思う。ただ、〈教師は聖職でそれだけの職責がある。嫌ならならなければいいのです〉は、あまりにも権柄《けんぺい》ずくな物言いである。その教師も「公」と「私」のバランスを考えたに違いない。彼女の職業倫理が薄かったというしかない。しかし、それだけで、〈教師は聖職でそれだけの職責がある。嫌ならならなければいい〉はひどすぎるだろう。

一方、この教師の「私」の優先を支持した人たちもいる。これが「公」である仕事上のミスであったら、世論は圧倒的に否定に傾くに違いない。世論は教師の「私」の甘さは認めても、「公」の失敗やミスは認めない。教師の「公」は世論が教師に認めている権威よりもずっと大きいらしい（皮肉です）。いつも、「いじめ」を処理できなかったり、認知できなかったりした教師がどれだけ非難されているか。どうして教師だけは「完全」が求められるのか。教師のミスは、ありもしない「理想的な教師」を基準として叩かれる。

「教師が〇〇した」「教師が生徒の指導でうまくいかなかった」「教師が犯罪を犯した」と

なるとしゃかりきに勢いづいて非難しようとする。まるで、「教師は完璧な人間であるべきだ」「教師はすべての生徒を適切に指導するべきだ」「教師はすべての生徒が抱えている悩みや問題を理解して解決してやるべきだ」と考えているかのようである。人と人との関係でそんなことは不可能であることに気づかないのだろうか。

常識で考えても、「教師そのもの」(「理想の教師」?、「本物の教師」?)に完全になりきって仕事をしている人はいない。どんな職業人(「公」性を持つ)でもやっているのは個人(「私」人)なのである。いうまでもなく、教師はふつうの市民(個人)がやっている。「本物の教師」と教育学では語られているツァラトゥストラ(ニーチェ『ツァラトゥストラはかく語りき』)のように山上から人々に絶対贈与をおこなうために下りてきたわけではない。「教師のくせに」とか「教師らしくない行為」などというのは結構だ。そのとき、その「教師」に「高潔な人」とか「無私の精神で生徒に尽くす人」とか「行いの正しい人」とか代入しないことが肝要だ。教育なるものの高邁《こうまい》な理想そのものを代表できるわけはないし、事実、代表していない。

にもかかわらず、尾木さんのように二〇年も教師の経験のある評論家が「入学式欠席事件」にかかわって、〈公教育を担う教師には、魂の技師としてのそれに相応しいプロ意識が必要だと私は思います。子どもの一生を決める大事なステージを預かり、いわば全人的に子どもたちに関わっていく。それくらいの意識がなければ、プロの教師とは言えないのではないでしょうか〉などという空理空論を述べる。「上から目線」などという言葉が最近使われるが、氏は高い位置から裁断しているのである。

アナクロな尾木ママ論

だいたい、〈魂の技師〉とはどこから出てきた表現だろうか。嫌らしい言葉である。教師は生徒の魂に手を触れるべきではないし、ましてや〈技師〉のようにそれを構成すべきではない。公教育は教育基本法などによって法的に規制されており、特に教育基本法の前文には教育の理念が規定されているが、〈魂の技師〉などという言葉はどこにもない。また、学者・研究者などの本や論文をいくら読んでも、〈魂の技師〉などと誰もいっていない。私が知っている限り、共産主義的な芸術を創造する人たちを、「人間の魂の技師」とスターリンが呼んでいたと『ショスタコーヴィチの証言』（中央公論社）にあるくらいである。

教育や学校で「魂」や「心」に手を加える、加工する〈技師〉という発想が無神経すぎるし、人間（子ども、生徒）に対する尊敬《リスペクト》を欠いている。「魂」や「心」は他人《ひと》が手で触ってはいけないものなのだ。「生徒の内面に土足で立ち入らない」というのが私の長年の教師としてのモットーである。法律も人の内面にはほとんど手を入れない構造になっている。法律が対象とするのは、その個人の「やったこと」に限定されている。

学校はよく管理社会だといわれ、確かに「〇〇しなさい」「〇〇してはいけない」というルールが多い。でも、これは生徒の外形性を問題にしているのであって、内面には触っていない。たとえば、「〇〇をしたA君（君）は人間としてクズだ」とか、「〇〇のようなことをするなんて人間（生徒）の資格がない」などと教師がいったら「魂」に手を触れることになる。ときどき、こういうことを口走る教師が居ないではないが、大方の教師は生徒の内面には手を触れないようにしているはずである。学校の文化はそうなっている。

確かに、麻原彰晃《あさはらしょうこう》氏のようなある種の宗教家は弟子の「魂」に手を触れているであろう。それは一種の洗脳であるが、カウンセラーはもちろんのこと、精神分析医でもクライアントの「魂」を構築しようなどとはしないはずだ。

それに、仮にその教師が人格的に高潔で生徒たちに精神的に影響を与えているとしても、それはいわゆる薫陶によるものであり、言葉化できるものではない。教師にも生徒にも意識されておらず、〈プロ意識〉などによって発動されるような質のものではない。〈プロ意識〉と交差していない。つまり、〈プロ意識〉がいかに強力であっても〈魂〉に介入してはならず、〈プロ意識〉という意識や姿勢と人格の高潔さとは関係がないのである。

もうそろそろ終わりにするが、私は学校が〈子どもの一生を決める大事なステージ〉であるとも単純に思わないし（その一部をなすことは認めるが）、教師が〈いわば全人的に子どもたちに関わっていく〉職業だとも思っていない。だいたい、そんな権威や権限を社会や親や当の生徒たちから与えられていない。

もちろん、教師と生徒も人と人との関係だから、個人対個人としての人間的なやりとりを含んでいる。実はこれがかなり危険な要素でもあり、〈全人的に子どもたちに関わっていく〉ということが、尾木さんが考えているように「人間的にプラスの影響を与える」というプラスの教育効果を招来するとは限らないのだ。つまり、教師が人格的にプラスの要素だけを持っているわけではないから、持っているマイナスの要素も伝わってしまうのである。だから、「全人的な教育をする」も現実としては「死語」というか「死んだ表現」である。もうアカデミズムでも使っていない。

それに、仮に尾木さんの真意をみんな受け入れて〈魂の技師〉や〈子どもの一生を決める大事なステージ〉や〈全人的に子どもたちに関わっていく〉という実体のない大時代的な物言いを受け容れたとしても、そういうことを社会や世間や親や生徒が認めていなければ現実的なちからとはならない。尾木さんの評論も近年ますます教師批判、つまり、「尊敬されない教師」に貢献しているから、矛盾しているといわざるをえない。

権威や権限を認めていないくせに、責任を追及するときだけ「教師は本来こういう大切な役割を果たすべき」というような最大限の任務を押っ被せられても挨拶のしようがない。教育がうまくいっていないとすれば、教師に責任の一端があることは事実だが、教師にすべての責任を押しつけるのは不合理だし、非現実的である。

「教育については誰でも経験しているから口がきける」とよくいわれる。教師が最も手近なスケープゴート（犠牲《いけにえ》の羊）になりがちなのは、教師のせいにしても反撃されないこともあるだろうし、深層心理的に考えると、何も知らない子どもの頃、教師によって包括的に指導（管理）された怨みでも残っているのではないかという気もする。

私たちシニア世代はとりわけ反抗することなど考えもしなかった素直な子どもたち（「農業社会的近代」の子ども）だったが、それでも相手が圧倒的に優位に立ち、日常においてもこちらの意見もきかずに一方的に「扱われた」というトラウマのようなものがあるのかもしれない。尾木さんも少し内省してみる必要があるのではなかろうか。

教育が始まる場

私は一九四七（昭和二二）年に小学校に入っており、まだ産業社会化する前の農業社会的な貧しい、自由でない近代に育ち、学校の先生の評判は表面《おもてづら》では「尊敬」されていたが、家庭ではあまりよくなかった。学校の民主主義と家庭の文化とが衝突したからである。「センセーは理屈ばかり子どもに教えて、子どもが理屈っぽくなってしようがねえ」といった程度の悪口をよく聞かされたが、現在と大きく違う点は世間がいわば建前としての教師の役割と、学校の存在の大切さを認めていたことである。

教師は実態としては「教師そのもの」ではなく、「教師であるAさん」がやっている。その「教師であるAさん」の個人の問題点をあげつらって、その権威性を引き下げようとはしていなかった。教師の存在を肯定していた。学校はありがたいと思っていた。これが農業社会的な近代のあり方だった。

教師は現実の生活に合わないことを子どもに教えるので困る点はあるが（たとえば、家計簿をつけることはいいことと教わって、家で話したら、ほぼ現金の動かないその日暮らしの生活をしていた我が家では金の出し入れを記録できようはずもなく、姉から散々罵倒された）、子どもたちが社会に出ていく基礎的なちからを身につけさせてくれると考えて、建前的に尊敬していたのである。学校は貴いところだった。

ところで、教育という営みは教師だけがやっているものではない。教育はまずもって家庭から始まる。教育学でも子どもの教育は「家庭」「地域（コミュニティ）」「学校」の三層構造でなされていると考えられている。「教育は学校でやる」と思っている人は多いが、子どもにとって親やおとなの「していること」「いっていること」「要求すること」はすべて教育行為である。教育とは子どもが一人前の社会人になることであり、すべてのおとな（特に乳幼児期は親）はそのモデルとなるからである。教育は学校だけでするものではない。子どもはまず家庭で創られる。学校に行くことがふつうとなってから、先進国でもまだ百数十年しか経っていない。

おとなの世代が子どもの世代に、生活の仕方や生産の技術や共同体の規律を教えることは有史以前からおこなわれてきた。これが教育の基本である。類人猿（ゴリラやチンパンジー）の生活を映像で見ると、おとなの世代が何かを教えているところは見られない。子どもがおとなの真似をして生活の仕方を身につけていっているようである。

子どもの世代が遊びの感覚から真似をするだけでは、生活が成り立たなくなって「教えること」が発生したのであろう。自然から文化へと人類が移行し始めたときである。つまり、農業生産や牧畜などの意図的な自然への働きかけが発生した段階で、人間への働きかけ（教育）が必要となった。したがって、人類と文化と教育とは三位一体的に発生したのであろう。

それ以来教育はずっと続き、近代になってますますシステム化、高度化している。社会の生産力や科学技術の発展のせいである。ただ、学校という形で全住民が教育の対象となったのは、ヨーロッパでも日本でも一九世紀後半であり、もちろんこれは近代という時代が要請したものである。近代が学校を創り、学校が近代を創った。学校と近代は切り離せない。

つまり、その時代の個々人の誕生以前に教育は必要とされていたわけで、いまよく語られるように教育は一人ひとりの幸せや自己実現を保障するものと一元的に考えてはならない。社会の必要でもある。近代になって「人権」や「個人」という観念が発生し、共同体や社会よりも個人の権利や自由が重視されるようになった近代思想による後付けにほかならない。個人の必要より社会の必要の方がつねに先行している。人権や自由というようなものは「ひと」の個体にくっついてどこにでもころがっているような生やさしいものではない。よっぽど教育を受けないと、その真意はわからない。

家庭で創られる部分と学校で創られる部分

ひと（個体）は、国や地域に生まれて「ひと」になる。家庭から始まり、その地の共同体の文化によって教育（洗脳）される。キリスト教圏に生まれればキリスト教文化によって染められるし、イスラム教圏に生まれれば国や個人よりもイスラム教や部族の方が大切であると自然に考えるようになる。家族や地域（コミュニティ）によって強力かつ自然な形で教育されるからである。イスラム圏では私たちの社会のように「人権」や「自由」が絶対などとは考えない。つまり、子ども一般、人間一般は居ない。そういうものはヨーロッパ近代の創った観念だからだ。生まれた赤ん坊（子ども）にまわりからの教育のちから（近代の思想）が加わらなければ、ひとにはならない。

とにかく、子ども（ひと）は学校に入る前に充分に「教育されてしまっている」ことに留意すべきである。子どものありように対する学校の責任はあくまでも部分的である。親の子どもへの対し方、親が言動で示している「世界とは何か」とか「人生とは何か」という考え方がまず子どもに伝わる。子どもも大きくなれば「地域」、そして社会の影響を受けて自己形成していく。

人間には自律性があり、必ずしも「創られた」ようにはならない。みんなそれぞれに個性が異なることがそれを証明している。子どもの人間としてのあり方や人格性などについて、学校の教育の責任が一〇〇パーセントだなどとはとうていいえない。

子どもが何か問題を起こしたら、まず「家庭」を精査すべきなのだ（但し、これは家庭や個人のプライヴァシーがあるので誰も口をはさむことはできない）。だから、公的機関である学校にお鉢が回ってくる。だが、学校や教師のせいにするのはお門違いもいいところである。学校や教師は子どもの人格形成に世間が考えているほどの役割を果たしていない。

教師の権威が確立していた時代

ここではヨーロッパ近代がほぼ普遍的なものであるという信仰（確信）を前提にして話を進める。学校ないし教師の権威は（後でくわしく述べるが）いまから七〇年前には確立していた。七〇年前は敗戦による日本壊滅の時期と重なるが、農業社会的な近代から産業社会的な近代に移行・発展しようとしていた時期である。

いま世界中の国々は産業社会に移行しようとしている。そういう後進的な国々や地域で重点を置かなければならないのは、近代国家や近代産業に対応できる人材（国民）の養成である。産業国家に進もうとしている国はどこでも普通学校を作り、国民教育を始めることになる。近代（の産業社会）に到達している先進国はどこも普通教育がいきわたっている。自覚的な国民とあらゆる産業に適応できる人材が必要だからである。近代人は創られるのであり、近代に生まれた子が自然に近代人になるのではない。

教育の任務は近代社会に適合する人間を育成することである。ある意味では一人ひとりの独自性を減らして、平準的な人間を創ることでもある。近代社会には近代社会の枠があり、一人ひとりがまったく個性的に自由に生きていける空間ではないからである。反社会的、非社会的な要素は早めに苅り取ってしまおうという意図が国民教育にはある。みんなの能力や個性をありのままに伸ばそうと考えているわけではない。

近代と教育とは切っても切れないが、住民に一定の平準性を求める社会、それも教育や学校という知的なシステムを使って型にはまった人間を求める社会は、歴史上初めてともいえるのではなかろうか。

私たちは近代や教育というと、自由になっていく、好きなように生きられるとイメージしがちであるが、それは近代という枠組みに満足して喜んで入っていられる人だけにいえることである。近代の産業社会に貧しい段階から離陸しようとしている国々や地域では、教育は重要視され、教師は尊敬される。日本で教師が尊敬されなくなったのは、「近代への離陸」が完成したからである。

アフリカなどの後進地域で学校へ行っている（行ける状態にある）素朴な子どもたちに「将来何になりたい」と聞くと、「先生になりたい」「医者になりたい」と答えることが多い。両方ともに人々を救う貴い仕事と考えられているからであろう。七〇年前の日本も同じようなものであった。教師は尊敬され、一目どころか三目くらい置かれていたし、子どもにとってはまるで神のように偉い存在であった。教育は豊かで平和な社会になるための要《かなめ》になるものと信じられており、国民が知的に成熟していけば、二度と戦争に巻き込まれることはないと思われていた。国民の一人ひとりの生活向上への思いが、日本が復興し、産業社会になっていく道筋と重なっていたのである。子ども（国民）の成長と国の復興、発展とが同じものだと受け取られていたといったらいいか。

近代化を目指した明治の時代にも国民と国家（社会）との歩みが一致した時期があった。このときも普通（国民）教育の発展が大きな成果を上げた。これは教師の貢献、努力というよりも、親、地域、社会の支援、協力があったからである。学校は社会や地域に支えられなければ成り立たない。

敗戦で近代国家のやり直しを迫られた日本は明治の国家的、国民的興隆をまた繰り返すことになった。今度はアメリカの支配下にあって、近代のやり直しのみならず、民主化のプロセスを辿ることとなった。国民主権、基本的人権、平和的で豊かな社会が国家的目標であり、国民的目標でもあった。その駆動力は、日本では人材、国民の知的・身体的能力を高めることしかなかった。その点で平和と物質的豊かさを求める国民の要求と、国家的目標が一致し、外国から見ると予想もつかないほどの経済的復興の成果を上げることができた。戦後進んだ教育の大衆化がその中核となったことは間違いない。

個人のあり方の変遷

戦後の七〇年ほどを振り返っても、あるいは、世界各国（各地）の様子を見ても、近代とはひとつの固定したものではなく、国柄、地域、宗教、文化、そして時代の進展によってそれぞれに異なっている。最近では、ロシアや中国が明らかに西ヨーロッパが形成してきた近代と違った近代になろうとしていることがよくわかる。

日本は明治以降も敗戦以降も西ヨーロッパの創り上げてきた近代文明と比較的馴染んで近代化（産業化）、民主化してきたことはよく知られている。もちろん、欧米の近代とはさまざまな点で相違があり、日本独自の近代化、民主化を成し遂げたことはいうまでもないが、中国、ロシアやほかの国々と比べると、欧米とよく似ている。

人間（「近代的な個人」）のあり方も欧米に範をとろうとしてきたが、どうしてもジャパンオリジナルなものになっているのは当然である。その日本人の個人のあり方もこの七〇年間で大きく変わってきた。その変わり方を経済や社会構造の変化と関連づけて考えてみよう。教師が尊敬されなくなったことにかかわっている。

明治から一九六〇（昭和三五）年くらいまでを、私は「農業社会的近代」と名づけている。都市化、工業化はどんどん進みつつあったが、社会構造的には農村共同体的なものが中心になっていた。人間関係や考え方の基となるものである。個人の利益より共同体的なつながりが重視された。社会学的にいえば、「共同体的な社会」であり、個人という考え方が育ちつつあったが、まだ個人と個人が契約を結び合う「市民社会」は確立していなかった。近代社会ではあるが古い共同体的なものがその土台を強固に形成していた。

だから、個人より家族や国家が大事であるという建前があり、親戚関係のつながりはかなり強固なもので相互に助け合っていた。産業化によってどんどん進む「市民社会」的なものを家族や農村共同体が支えていた形である（敗戦直後に多数の人々が外地から帰ってきてもほとんど餓死者が出なかったのは、親族・親戚同士の助け合いによるものであろう）。「農業社会的近代」では贈与互酬《ぞうよごしゅう》的にお互いに助け合う気風があり、まだ個人と個人が自らの利益を求めて利用し合うという発想は少なかった。

そういう共同体的な社会では「親」や「教師」の権威は自ずと高かったのである（もちろん、おまわりさんの権威も断トツに高かった）。生徒も個人である意識と○○家の一員である意識、○○学校の生徒であるという意識のうち、どれが中心であるかと考えると、まだ個人だとはいいきれなかった。親が子を育てるのは（民法的に義務とはいえ）贈与行為や恩恵的なものとまず受け取られるのがふつうであった。親の恩である。

そうした社会では、学校が子どもを一人前にしてくれるのは国や社会による恩恵的なものと考えられ、そういう行為をしてくれる教師はみんなから尊敬されることになったのである。金をもらって契約的に仕事をしているというよりは、生徒のために多大な貢献をしてくれる存在と考えられていた。だから、明治の学制発布以来、日本の近代（市民社会）が確立する一九六〇（昭和三五）年くらいまでは教師の権威は圧倒的に高かったのである。

まだ近代が社会の隅から隅へと浸透していなかった。

産業社会的近代への突入

一九六〇（昭和三五）年は「六〇年安保闘争」が盛り上がり、岸信介《きしのぶすけ》内閣が退陣して、池田勇人《いけだはやと》内閣による「所得倍増計画」が始まる。すでに戦後の一〇年間で日本の生産力は戦前レベルに復活していた（一九五六／昭和三一年の『経済白書』の「もはや戦後ではない」は有名）。それまでモノ（食料や調味料など）は家庭で作っていたが、このあたりからお金で買った方が効率的な時代になる。都市に人口が集中し、給与生活者が増えてきて、核家族の時代に入る。家庭はお金とテレビで動く時代となり、個人の意識が確立し始める（個人が自己の利益を主張し始める――これが「市民社会（経済社会）」の論理である）。子どもの意識、自覚が変容し始める。日本は「農業社会的近代」から脱して「産業社会的近代」に入ったのである。人もモノも都市圏に集中し、農村（共同体）は空洞化していく。

この「産業社会的近代」は一九七五（昭和五〇）年くらいまで一五年ほど続いて「消費社会的近代」に入る。産業（工業）化がどんどん進んでいくと、それまで力を持っていた共同体のちからが後退し、人間関係や社会構造は個人と個人の関係が基本になっていく。

こういう成り行きは世界の工業的な先進国のほとんどが人権大国であり、個人の権利が擁護されていることからも明らかである。日本だけがそうなっていったのではない。

戦前の日本人の多くは（自己利益を追求する）個人と、天皇に忠誠を誓う臣民の二重性において生きてきた。「富国強兵」とともに「立身出世主義」も明治のスローガンとなっている。「立身出世主義」は個人の利益を肯定している。個人が蔑《ないがし》ろにされた社会ではない。天皇への忠誠を尽すために教育され、生きさせられたかのように語る人がいるがけっしてそんなことはない。学校では天皇に忠誠な臣民であると同時に、近代産業社会に適応できる近代人を養成したのである（但し、一九三二／昭和七年から二〇年までの間は学校は軍事色一色だったことも事実である）。

ここで少し唐突な話になるが、典型的な戦前人とも思われているフィリピンで戦後数十年戦い抜いた小野田寛郎《おのだひろお》さんや、零戦の撃墜王として有名だった坂井三郎《さかいさぶろう》さんの書いたものを読むと、二人とも当時としては風変わりなほど近代的な個人主義的気質（利己主義ではありません）が強烈であったことがよくわかる。少なくとも、極端な国粋主義や盲目的な全体主義者ではなかったことは明らかだ。そういう人たちが国のために必死に戦ったのである。

とにかく、戦前も臣民だけを育成しようとしたのではなく、私的利益を求める個人の教育（個人主義）も日本の教育は遂行していたのである。それは江戸時代に大きく発展した商取引が商業倫理を持つ経済主体（個人）を創り上げていたせいでもある。商業と個人とは密接につながっている。

いずれにしても、近代を目指し、近代ではあるが農村共同体の気風を残していた「農業社会的近代」は一九六〇（昭和三五）年頃まで続いていた。この時期をすぎると産業（工業）社会が農業生産を凌駕し、「産業社会的近代」が確立する。欧米の近代に追いつく。家計も多くが現金で動くようになる。個人の意識が自立し始め、共同体的な権威が後退し始める。つまり、親や教師の権威が喪失し始める。親や教師の持つ権威はその個々人の人格や能力によって生じるものではなく、親はありがたい、学ぶことが大事だとする共同体の観念としてあるものだからだ。子どもの一人ひとりが独自に持つものではない。

当時、川崎市の小学校の教師だった阿部《あべ》進《すすむ》さんが、新しく登場し始めた子どもたちを「現代っ子」と名づけてこうコメントしている。

〈「現代っ子」とは、戦後十七年たった今、まったく戦争とは関係なしに生まれ、テレビ、映画、マンガなどのマスコミ文化全盛のときに育ちつつある、また「金」という力の偉大さを身に直接感じ、一体どんなおとなになって、どう生きたらよいのかわからないときに、交通戦争にもひるまず、悪にもうちかっていける子ども、それを「現代っ子」とよびたいのです〉（『現代っ子採点法―親があっても子は育つ』三一書房、一九六二）。

また、赤塚《あかつか》不二夫《ふじお》の六つ子の兄弟を描き、兄弟同士がお互いに裏切って自己の利益を追求するマンガ『おそ松くん』が評判となり、よく売れた。子どもたちは産業社会的な子どもに変容したのである。またこれは後で詳述するが、一九六四（昭和三九）年に私が零細工業地帯の男子高校の新任教師になったときに出会った団塊の世代の生徒たちは、私たちの世代とまるっきり人間のありようが変わっていて強い衝撃を受けた。学ぶことによって自分を変革していくという姿勢がなくなっていた。

とにかく、一九六〇年頃、日本は近代に到達し、社会構造の変化とともに精神構造、そして、子どもたちの意識やありようが大きく変わったのである。衣食住が向上し、家庭の経済生活が楽になっていった。また、高校進学率が急速に上昇する。給与生活者がふつうのありようになっていったからである。

共同体的なものを破壊していく近代

個人が○○家の子どもや○○学校の生徒という与えられた立場に自己を限定することが少なくなり、自由な経済主体の個人として自立し始める。子どもも共同体から与えられた枠組みや価値観から脱けだして、自《みずか》ら自分にかかわること、まわりや社会を値踏みし始める。これは近代的な個人の宿命である。そうなると、共同体的価値観のなかではありがたいと思われていたものも、それをそのまま受け容れるのではなく自分で位置づけようとする気風が出てくる。

かくして、産業社会化＝近代化して共同体的なものの権威が喪失し始めると、最初に親や教師が尊敬されなくなる。教師が尊敬されなくなったのは、近代になったこととおおいに関係がある。親には生活の面倒をみてもらっているからありがたいと思っている。でも、それは自分が親から利益を得ているからありがたいのであって、もっと大きな枠組みで親の恩を感じ、尊敬しているのではない。まして、家を大事にする意識はなくなっていく。親を一個の人間として見て、自分の損得にからんで関係が創られるようになった。つまり、近代的になっていったのである。近代は共同体的つながりを破壊していく。子どもはおとなたちより先に産業社会的な近代に馴染み、自立していったのである。

だから、親のいうことだから聞く、教師のいうことだから従うのではなくて、自分の感覚に合うか、自分の損得にどう影響するかを判断して取捨選択をするようになった。これが「産業社会的近代の子ども」の大きな特徴である。

ただ、誤解のないようにつけ加えれば、六〇年代から七〇年代前半の産業社会的な子どもたちは、教師を自分と同じ（対等な）個人と見なしていたわけではない。親に対しても同じだが、まだ「農業社会的近代」の気風が消失したわけではないから、親にも教師にもそれなりの権威を認めていて、完全に反逆するということはなかった。だから、もちろん、「農業社会的近代」の教師たちが教師としては社会から与えられる権威に守られ一番精神的に楽だった。私が高校教師になった一九六四（昭和三九）年頃もまだまだ教師は偉そうにしていられたのである。教師の立っている土台を掬い取られてしまうということはなかった。それが起こるのは一九八〇年代に入ってからである。

これは一九七五（昭和五〇）年をすぎて、「産業社会的近代」から「消費社会的近代」に入っていた頃の逸話だが、ある県の教職員組合が青年教師たちに一九五〇年代の教員の勤務評定反対闘争を描いた『人間の壁』（一九五九年公開）という映画を見せたことがあった。その映画を見た青年教師たちがみんなため息をつき、感動した場面は、若い女の先生が「ハイ、みなさん席につきましょう」といったら、小学生たちが無駄口もきかずに静かに一斉に席につくところだったという。教師に権威があるとはこういうことなのである。その教師の個性や人格性、知的能力にかかわらず、権威を持ったものとして遇されることが必要である。それが学ぶ姿勢の土台になる。日本の学校文化のひとつである。

私の生徒時代はすべて「農業社会的近代」だったから、小学校も中学校も高校もすべてこういうレベルだった。生徒が授業中に喋ったりすることはまったくといっていいくらいなかった（教室は静かでありさえすればいいのか、という反論がいまどきの教育論議のなかでは出てきそうだが）。

戦前と戦後教育の転換

戦前は国民は臣民と個人（市民）の二重性において育成されたと先に語った。それは臣民と個人との矛盾のなかに生きることでもあった。ただ「天皇のために死ね」などという教育が成り立つはずも、受け容れられるわけもない。国民は臣民として教育されながら、個人としても育ち、自らの個人（私人）をどう生き延びさせるかを考えざるをえなかった。学ぶことは本人のためばかりではなく、天皇（国）のためでもあった。当時の国民は臣民プラス市民であった。その意味で、国民を育てる学校の教師は文字どおり聖職と見なされ、尊敬される存在だったのである。戦後の教育は国民イコール臣民プラス市民ではなくなったことはみんなよく知っている。では、どのようなあり方になったのであろうか。

まず戦前の教育（国民教育、普通教育）のあり方を整理してみよう。

戦前の教育は臣民プラス市民（個人）を育成していた。臣民は天皇への忠誠にかかわっていた。主権者は国民ではなく天皇であった。国民を統《す》べる絶対者であった。明治維新は人民主権までは到達できなかった。では、臣民が「公人」で市民が「私人」であるかというと、そう簡単ではない。臣民は宗教的な信仰の要素が強く、日常的には多くの人たちは臣民を意識しないで生活していたのであろう（もちろん、戦時になると否応なく臣民の要素がのしかかってくるが）。したがって、市民は単なる「私人」ではなく、共同体を構成する「公人」の性格を併せ持つ公共的な存在であった。国や産業、共同体の参画者であることを求められていた。

政治も天皇主権で神がかっていたから、教育も神がかった要素を多分に持っていた。しかし、教育内容の多くは西欧近代の創りだした真理や科学で構成されており、そういう西欧的な「知」や真理の代理人と同時に、天皇につながる祭司のように見なされ、教師は尊敬されていたのであろう。

教師が「尊敬されるべき」という考え方自体に、明治から一九四五（昭和二〇）年に至るまでの歴史的経過があったのである。教師は聖職であるという観念は先進キリスト教圏にはない。子どもが素朴に先生を尊敬することはありうるだろうが、社会やおとなたちにはない。キリスト教文化圏においては、教会があり、神父や牧師が世界観や道徳を教えているからである。神父や牧師が聖職であり、学校の教師は知識の伝達者にすぎない。

実際に、欧米の先進国では教師は社会的地位も低く、特にアメリカの小学校の先生は給与も低く、あまり志望者もいないと読んだことがある。また、イギリスのワーキングクラスの子弟たちの中学校生活を調査した名著『ハマータウンの野郎ども』（ポール・ウィリス、ちくま学芸文庫、一九九六）によると、生徒たちは教師たちを「奴ら」と呼んで軽蔑し、教師たちも生徒たちと階級や文化が違うので、適当に対処していて、日本の教師のように親身になって指導したり、相談に乗ったりすることはまったくといっていいほどないようだ。

そういう意味では、「教師が尊敬されなくなった」と問題視される日本の方が、ほかの先進諸国とは大きく異なっているという発想の転換をした方がいいと思う。どこの国も同じ教育認識や教師観を持っているわけではない。

教師が尊敬されなくなった境界線

私も妻も三七年間学校教師を務めた。後述するように、八〇年代あたりからの子ども（生徒）の変容に振りまわされ、私はおおいに体調を崩し、運が悪ければ生命も危うかったのではないかという経験をしているが、地域などの生活においては、退職してからもみんなから「先生、先生」と呼ばれ、単に上辺《うわべ》だけでなく敬意を払われていたと思う。そういう地域の文化性が学校を支えているという要素はたくさんある。都市部の学校に困難が多いのは、そういう共同体的な地元からの支援がなくなりつつあるからであろう。いずれにしても、問題は「なぜ日本では教師が尊敬される気風があるのか（残っているのか）」ということである。

戦前「公的なるもの」は天皇制が代表していた。だから、子ども（国民）は臣民と市民の二重性において教育されたわけである。戦後になって臣民の要素は教育から排除されたが、何らかの「崇高なもの（普遍的なもの）」を求めなければならないという伝統というか習俗的なものは臣民の位置に残り続けたと考えられる。それが何かわからないが、「崇高なもの」を求めるという気風が教育や学校や教師の権威として残り続けたのだ。いわば共同体的な信仰のようなものである。その残り火が「産業社会的近代」の登場とともに消え始める。共同体的な信仰や確信を揺るがすものは、近代的な個人（自己の利益を追求する個人）の確立である。

こういう話になると、「いや、日本はまだ本当の近代化をしていない」といいたがる人たちがたくさんいるが、近代（人）のあり方に典型的なモデルはありえず、その国、地域によってそれぞれ異なるのだと覚悟を決めてしまえば、日本的な近代的個人は一九六〇年から一九七五年の「産業社会的近代」において確立したのである。ただ、この「日本的個人」はある欠陥ともいうべきものがあった。戦前の教育のあり方である、国民イコール臣民プラス市民（個人）の方程式の臣民の部分を補うものがないままで見切り発車したからである。

よく知られているように、戦後の教育には保守と革新の決定的な対立があった。保守（自民党）は臣民形成の要素がなくなったことで、国家または公共的なものとの接点を持たない人物像であると批判し、革新（社会党・共産党）はそれこそが近代的かつ民主的な国民の正しいありようであると対立した。

確かに、戦後の教育には市民（個人）と「普遍的なるもの」や国家や公共性と結びつく契機が失われてしまっていた。戦争直後の教員はほとんど日本教職員組合（旧）の組合員で、GHQの洗脳下にあるか左がかっていたので、「普遍的なるもの」のところへ社会主義ないしはアメリカニズムを代入していたのかもしれない。私はそのような教員たちの完全なる影響下で育った。

だから、一九六四（昭和三九）年に教員になっても、単なる個人ではなく公共的な個人を、国家につながった個人を育成せよとする政府・自民党の方針に従う気はなかった。確かに、国家性や社会性を欠いたように見える生徒たちの個人（市民）のありよう（あまりにも自己中心的で利益中心の発想）にはおおいに戸惑ったが、戦争は帝国主義（資本主義）が引き起こすと信じ込んでいたし、日本の侵略戦争の遂行者たちと人脈的につながっている自民党が正しいなどと思うわけにはいかなかった。生徒たちを何とか国家主義的ではない平和を愛する公共的な市民（個人）に育成しなければならないと思っていた。

しかし、振り返れば、私たち教師が考えている「公共的な個人」と、子ども（生徒）たちが生きようとしている利己的、経済的な個人との距離はどんどん開いていった。

戦後教育もそうだが、「産業社会的近代」（市民社会）でも、個人ないしは市民と「普遍的なるもの」や国家や公共性と結びつく契機は失われていたのである。私たちが期待していた近代的な個人は、子どもたちの内部では「単なる自分」「自分がそう思っている自分」

になってしまい、「普遍的なもの」を媒介とする要素を最初から欠いていたのである。

生徒たちと接して、個人は「自分がそう思っている私」ではなく、個人を超える「普遍的なもの」や公共的なものと結びついていなければならないと悟った。それは、「消費社会」に入り、子ども（生徒）たちが利己的な利益主体から、さらにそれを堂々と自己主張する一人前の社会人と自己規定するようになった一九八〇年代になってからである。

もちろん、そのときには教師の権威は生徒の位置から見て完全に失墜し、尊敬されなくなっていた。

第2章

混迷する教育現場

現場から見た教師像の変遷

私は一九四七（昭和二二）年にアメリカの占領下に始まった戦後民主教育の第一期生として小学校に入った。一九五三（昭和二八）年、まだペンキの臭いのした木造二階建の中学校に入り、一九五六（昭和三一）年に単身上京して新聞販売店の住み込み店員となり、都立高校の定時制（夜間）に入学した。一九六〇（昭和三五）年に都内の国立大学の文学部に入り、「六〇年安保闘争」に参加して左翼学生になり、自治会活動とサークル活動（合唱）と家庭教師に明け暮れてマルクス主義こそはそれなりに勉強したが、アカデミズムの風には染まることなく、それでも何とか四年で卒業した。

一九六四（昭和三九）年に埼玉県の男子高校の教員となり、四校経験して（三七年間）、二〇〇一（平成一三）年に定年退職した。学校外の研究活動としては教員を中心とした研究集団「埼玉教育塾」（「プロ教師の会」）を創り、研究会や出版活動、ミニコミの発行などを一九七〇（昭和四五）年からずっと続けてきた。退職後も日本教育大学院大学で客員教授となり、子ども論、学校論を講じた。

まさに、一九四七年から始まる日本の戦後教育を、生徒として、教師として真只中で生き抜いてきたので、子どもの変わりようや、学校の変化、そして、教師の権威の失墜等についてはそれなりの念《おも》いがある。「尊敬されない教師」の誕生についても、尊敬されていた時代からの社会構造の変化とともに現場で経験しているので、現代に至るまでにいったい何があったのか、個人的な経験を基にしながら考えてみたい。

教師に権威があって尊敬されていたのは一九六〇年頃までである。私の時代区分によれば「農業社会的近代」の終了する頃である。私はこの年に夜間高校を卒業し、大学へ入った。一九六〇年ぐらいまでは日本中が貧しくて、まだ飯が充分に食えなかった。私の家も貧乏で昼間の高校へ行けなかったので、東京へ出て新聞販売店に住み込んで、夜間高校に通った。同級生は東京出身者が半分、地方からの上京者が半分ぐらいだったろうか、とりわけ私のように地方（千葉県）出身者で家のない者は生活が大変だった。みんな真面目で勤勉な生徒たちだった。高校時代は自分で働いて学校へ通っているという自負があって、高校の教師たちを「尊敬」するということはあまりなかったと思う。勉強を教えてくれているることに敬意を払っていたという感じだろうか。つまり、古い日本は終わりを告げていた。というより先生を権威づける「超越項」がなかったのである。

いずれにしても、ちょうど私が大学生になった一九六〇年は「六〇年安保闘争」の激動もあり、高度経済成長政策による産業社会化が全面的に進められ、戦後の（というよりは明治以降の近代社会と産業社会の）大転換期であった。私が高校教師になる一九六四年は「東京オリンピック」が開催され、飯が食えないという時代は終わった。子どもたちも多くは全日制高校に通うようになり、私たち勤労学生ががんばって勉強に励《いそ》しんだ夜間高校は、全日制の都立に入れなかった生徒の集まる場所になってしまったとのこと。「農業社会的近代」から「産業社会的近代」（欧米並の近代）への転換を象徴する出来事ではある。

つまり、近代というのはみんなが後期中等教育（高校）へ通うようになる時代なのである。それに関連して一言いっておきたいことは、中学校の教室であれほど「勉強が嫌いだ」といっていた女の子たちの多くが、帰省した際に噂で聞いたりすると何と七割近くが県立の女子校などへ進学していたことである。あとから調べてみると、当時高校進学率は全国で約五割とのことで、私の故郷は東京に近い千葉県なので全国平均よりかなり高かったようだ。要するに、勉強をしたくてもしたくなくても高校へ進学する社会になり始めていたのである。

占領下の教育現場

さて、一九四七（昭和二二）年に話を戻してみよう。世界中にはまだ学校へ行けない子どもたちがたくさん居る。国によっては学校へ行ってもコーランの暗記しかしないところもある。女子は男子以上に進学の道はせばめられている。先日、テレビでアフリカのあるところで朝早く起きて水の流れていない河床を手で掘って、泥水をにじみ出させ、それを樽に汲んで家（泥の家）へ持ち帰るという大変な家事をしたあとで、妹と手をつないで、猛獣にぶつからないように四キロの平原を走っていく十歳くらいの少年の映像を見た。あんな風にしても学校へ行きたいんだと思って涙が止まらなかった。彼と彼の国に可能性があるかどうかはわからないが、近代に足先を入れていないようなところでは、学校は未来につながっているんだと実感した。

一九四七年、私の育った十ヶ村の郡の中心に位置する商業町では子どものみんなが学校に来ていた。ときどき、近在の農村や漁村で労働をさせるために家が学校へ行かせ（られ）ない「長欠児童」という言葉を聞いたことがあった。私たちは戦後の欠乏生活のなかで、ボロ服を着て下駄をはいて小学校へ通っていた。休む者は居なかった。先生は大方が千葉師範学校の卒業生と思われたが、町の生活のなかでも生活者より一段か二段上の人たちと見なされていた。子どもから見れば「えらい」特別な存在と考えられていた。先生は戦前の「天皇の教師」につながる聖職という考えが残存していたのと、戦争に負けてこれからは知力や科学や技術の時代になると町の人たちは感じていたのではなかろうか。教師たちは占領軍の指導もあったのだろうが、生徒のみならず国民も啓蒙しようという姿勢を強く持っていたので、おそらく生活感覚は反目し合っていたのではないかという気もする。

小学校の六年間は占領下にあったせいだろうが、アメリカのプラグマティズム教育のせいかあまり密度の高い勉強をやらされた記憶がない。これは千葉県が東京の近くで、教員組合運動が盛んだったことが関係しているのだろう。

男の教員たちはほとんど戦場帰りだと思われるが、あまり戦争のことは口にしなかった。それに対して女の教員たちはよく戦争のことや、日本がいかに悪い国であったかを喋っていた。いずれにしても、「日本が悪い」とする映画などを学校から連れていかれてたくさん見た。特にアメリカ映画が多かった。のちに、東大の教育学者、宗像誠也《むなかたせいや》氏が教師の権威の由来を「真理のエイジェント（代理人）」であることに根拠づけるが（一九七〇年ぐらいまでは強い影響力を持ったが、いまはこう主張する学者・研究者はほとんどいない）、さしづめ、占領期の教師たちは（地方・地域によっても大きく違うと思われるが）「マッカーサーのエイジェント」だったことは間違いがない。私たちの実生活や感覚とは別の高い位置に居た。そのメッセージのなかには「アメリカン・ウェイ・オブ・ライフ」が最高であるという生活感覚もたくさん入っていたと思う。

結局、私たち戦後すぐに小学校に入った世代が受けた教育には政治システムとしての「国《くに》」（ステート）と、文化共同体としての「邦《くに》」（カントリー）の両方が欠落していたと思う。私にしても一九八〇年代に司馬遼太郎の作品に出会って日本という「邦《くに》」と出会うことができた。「国《くに》」と「邦《くに》」の不在を「マッカーサー」や「アメリカン・ウェイ・オブ・ライフ」や「日本の戦争責任論」が埋めていたのであろう。とにかく、振り返ってみると、勉強していく、生きていく上での超越項がなかったので、小さな自分にうじうじこだわって適当に授業を聞いていたような気がする。私は勉強する意味がまったくわからなかった（『仰げば尊し』の「身を立て名を上げ、やよ励めよ」の真意もピンとこないし、理解できなかった）。

階層が違う知的職業

一九五三（昭和二八）年から始まる中学校の三年間はただ友達となごんでいたことぐらいの印象しかない。サンフランシスコ講和で独立していたが、まだ「国《くに》」や「邦《くに》」や「社会」は遥か遠くにあり、真理や科学という考えとも縁遠かった。のちに市長を長年続けることになる中学校長が朝礼で「日本はこれから貿易立国しなければならない」と喋ったが、私にはどうにもピンとこなかった。小学五年生から新聞配達をやっていて時間がなかったこともあるが、授業は真面目に聞いていたものの家で勉強することはなかった（勉強する部屋もなかったが）。

先生は相変わらず「えらい」存在で乱暴な生徒も居ないではなかったが、教師に反抗したりする者は一人も居なかった。疎開してきていた中年女性音楽教師の独りよがりのまったくわからない授業もみんな黙って座って聴いていた。授業はおこなわれていたが、生活指導はいいかげんで、みんな放課後の掃除をまともにしないで帰っていた。私は一人で職員室の掃除をしていた記憶が鮮明にある。掃除班のほかの仲間たちは帰ってしまっていたのであろう。何とも思わなかった。

教師は授業中に私語をやめなかったりするとひっぱたいたりしていたが、生活指導という観念はなかったらしく、生活は完全に放任されていた。これも教員組合運動の影響なのかもしれない。生徒会長の選挙を一年に一回投票でやるだけで、会議や委員会が開かれたことは一度もなかった。うちのかみさんは広島県の出身で、受験教育に教師は精魂打ち込んで競り合っていたというのだが、私のところではまったくその気配はなかった。中学三年の秋になると「補習」と称して自主参加で四クラスあった生徒の三クラス分が放課後も教室に残っていたが、教師が補講したことは一度もなく、みんな暗くなるまでお喋りをしていただけであった。

「尊敬されない教師」にかかわっていえばどうにも尊敬しようのない教師たちで、私たちは当時警察官が怖かったように、「お上《かみ》」に逆らわないようにおとなしくしていただけである。教師は「お上《かみ》」のエイジェントだった。中学は卒業しなければならない。就職するにしろ、高校へ行くにしろ、それなしには何も始まらなかったわけだから。中卒の就職も四、五年後の「高度経済成長」によって「金の卵」扱いをされた時代にはなっておらず、戦前同様に「丁稚《でっち》に行く（行かされる）」が充分に真実味を帯びていた時代であり、実際、東京の商店や小さな町工場に働きに行った友達も結構居た。もちろん、家業を継ぐ（継がされる）人たちも少なからず居た。私も姉からよく「丁稚に行け」といわれていたので（口べらしである）、小さいときからやっている新聞配達をやって夜間高校に行くことにしたわけである。教師になりたかった。教師は明らかにうちや近所の人たちの階層のひとつかふたつ上と見なされており、知的職業と考えられていた。

尊敬と敬意の違い

一九五六（昭和三一）年、東京に出る。東京はほぼ完璧に復興していた。虎ノ門にある産経新聞の専売店に住み込んで、夜間高校に通った。学校は生徒たちの向学心、勤労意欲、身体能力によって支えられており、大量の生徒が入り、大量の生徒が辞めていった。教師は教科以外に何の指導をしているわけでもなかった。教師が一番楽だった時代ではないか。もちろん、私としても労働と生活に精一杯であり、他人《ひと》のことなど気にしている余裕はなかった。先生方は東大、教育大、外語大、理科大を出た人がほとんどで、地方の中産階級の出身者が多く、生徒の生活感覚と馴染むはずはなかった。生徒たちは自分で稼いで生活しているわけだから、教師たちを特別に「尊敬」するという感覚はなかった。教科を教えてもらっていることに敬意を払っていたといったところだろうか。

学校の権威はそれでもまだ充分あり、同学年の生徒で少し乱暴な生徒が一人いて、その子が集会で主事（定時制の教頭）の訓示に野次をとばしたりして、四年生の秋に退学させられてしまった。また、私の一学年下の進歩的な生徒が文化祭で「キューバ革命」（一九五九年）の展示を社会科研究会でやり、退学させられそうになったらしい。授業はみんな静かに集中してやっており、あるときお喋りをしていた生徒が教師に外へ押し出されそうになり、必死に机にしがみついて出されないようにしていた。

つまり、時代も「農業社会的近代」から「産業社会的近代」へと移行しつつあった。教師と生徒も人格として対等という感覚も広がりつつあり、教師には権威を認めるが、昔の時代のようにそれを人間的な「尊敬」とごっちゃにしない近代に入り込みつつあったといえるのではないか。教師の権威は共同体的な権威から勉強を教えてくれることへの敬意（利益的なもの）に変わりつつあった頃ともいえよう。「尊敬」と敬意がはっきりと区別されるようになったといったらいいか。

一九六〇（昭和三五）年、都内の国立大学文学部に入る。ちょうど、「産業社会的近代」に突入した頃であり、「六〇年安保闘争」があり、その敗北とともに池田内閣の「所得倍増計画」政策が始まった。大学では先生方は文化的にも階層的にもかなり上らしく「えらそうに」していた。事務室も「お上《かみ》」意識が強く、高校と大分違うので戸惑った。先生方は学生たちと比べて生活感覚が異なり、この大学は貧乏学生の多いことで有名だったので、中産階級の上に位置する教授たちとの交流はあまりなかった。「えらい先生」なんだろうと敬意は払っていたが、「尊敬」できるような人はまず居なかった。

教師は学校（大学）に所属している知的権力者だから「尊敬」に値するのであり、教官

（教師）という身分に権威がまとわりついている。教官（教師）の一人ひとりの人格性と「尊敬」は関係ないことがわかってくる。一九六〇年代前半の大学生である私たちは、六〇年代後半の「学園闘争」を闘った全共闘世代のように、教官（教師）を団体交渉によって「ただの人」に引きずりおろしてしまうなどということはまったく考えていなかった。「尊敬」はしていなかったが、それなりの敬意を払っていた。

大学の四年間は教官たちから影響を受けることはなかったが（教官たちのほとんどは大学の教授、助教授という階層的特権に守られてのんびりと快適にすごしていた）、自治会やサークルの先輩たちから非常に強い思想的・人間的影響を受けた。つまり、マルクス主義を勉強して左翼学生になった。これは「世界観」と呼ばれ、強烈な超越項だったのですっかり魂から痺《しび》れてしまった。先に「国《くに》」や「邦《くに》」に出会わないで何をしていいかわからない孤独のなかに成長してきたと述べたが、大学で出会ったものはいわば「逆の国」というか「未《いま》だ無い社会《せかい》」であり、初めて世界や歴史や自分が見えてきたような感じであった。私のように全身全霊で運動に打ち込んだ学生はあまり居なかったが、ほとんどの学生が左翼的な考え方に惹かれていたと思う。「六〇年安保闘争」から始まり、教員になっても続き、だいたい「七〇年安保闘争」をすぎたあたりで政治闘争的な動き方は止めて、教員としてのあり方を身体をはって探ろうとした。

利益だけでつながる学校と生徒

一九六四（昭和三九）年、高校教師になる。県の採用試験でミスをしたせいで、偏差値が低いところに位置する男子高校に配置される。そのおかげで予想も思いもしなかったような高校と生徒たちを経験する。これがなかったらいい高校へ行って少なくとも最初の頃は快適な青春教師を演じられたろうし、また、教育問題、子どもも問題を論じるような現場教師にはならなかったと思う。

一九六四年である。まだ教師の権威はあった。ときどき、母親が「いうことを聞かなかったらぶっくらわして（殴って）下さい」などといっていた。牧歌的な時代の最後といったらいいか。生徒たちはのちにそう呼ばれる団塊の世代。庶民の生活が豊かになり、勉強したい生徒もまったくやる気のない生徒もこきまぜて学校へ入ってきた。まだ高校進学率は七割に達していなかったが、みんな入ってきたような気がした。勉強したくない子がたくさん居た。

私は先に何度か書いているように、一九五六年に都立の夜間高校に入った。教師になるちょうど八年前である。この八年間に子ども（生徒）たちはすごく変化していた。当然、私は自分の高校生のときの仲間と同じような生徒が入ってくるような気がしていた。だが、向学心はなし、規律性もほぼゼロ、人間性というか生活感覚もまるで違っていた。授業中静かにしない。ノートを取ろうとしない。すぐ隣り同士で突っつき合う。私は必死に考えた。この生徒たちはいったい何をしに高校へ来ているのだろうか。私は英語を教えていたが、かなりの生徒が入学時より三年次の方が英語ができなくなっていた（中学のとき一応受験勉強をしたので、入学時はそれなりのちからがあった）。

結局、理解したのは、彼らのほとんどは勉強して学力を上げたり、人格性を高めたりする目的ではなく、ただ「高校を卒業する」ために来ているのだということである。私は知的なもの、人格的なことを求めないで高校へ入ってくる生徒がこんなにもたくさん居ることに愕然とした。もちろん、全部の生徒がそうではなかったが、少なくとも六割以上の生徒たちが、高校の三年間で何かを得ようとか、身につけようとか積極的に考えているのではなく、三年間がゼロであっても、卒業証書がもらえればよかったのである。生徒たちは口を開けば、「早く卒業して金儲けがしたい」とよくいっていた。聞くたびに背筋が寒くなった。

そんな生徒たちでも高校が一応成り立っていたのは、生徒や保護者が卒業を望んでいたからであり、学校はまだ「お上《かみ》」で偉いところだったからである。暴力や盗みは一回で退学だった。現在の生徒や親の権利意識や裁判所の判決などを考えると、とうていいまはそんなことはできないが、犯罪的な行為は一切許さないことは徹底していた。私たち若い教員もそういう厳戒態勢のなかで、なんとか自分たちの教師としての権威が認められているのだと気がついて大層悲しかった。そういう権力性が高校にあってこそ底辺の高校は辛うじて成り立っていた。

やがて、「学園闘争」が始まるが、それが始まる前に教師の権力性を意識したのはこういう経緯がある。だから、やはり当時の生徒たちも教師を「尊敬」したりすることはほぼなかったと思う。自分たちの身分にかんすることに権限を持っているから、ただ表面上おとなしくしていたのであろう。「卒業したい」という利益だけでつながっていたのである。

こういう厳しい評価をいましている私という教師も、優れた立派な教師ではまるでなかった。左翼教師が生徒たちをアジっていただけである。私は学生時代に身につけた「普遍的な思想」に基づく生徒への「啓蒙」活動が通用すると思っていた阿呆教師だった。それでも生徒たちの反応や生活の感覚に学ぶことは多かった。教えられることへの彼らの忌避感にはかなり早くから気づいていた。生徒が何か悪いことをして職員会議で処分されるときなど、こちらは反対するのだが結局多数決で押し切られた。いくら反対しても教員の一員として処分に加担していることには間違いないと暗い気持ちになった。

だが、こういう処分をしているから私という教師も教室で一定の権威を持って生徒を従わせることができるんだと思って自己嫌悪にも陥った。「私」が教えているのではなく、学校の教員であることで「私」が教師面《づら》できるんだということがよくわかった。教師と生徒が個と個との対面というのは幻想である。最初から上位の高校へ行っていたら、こういうリアリティに気づかなかったのではないか。

いずれにしても、教育が社会に必要なこと、教師が必要なことの確信はなくならなかった。「ヴェトナム反戦運動」には参加していたが、教師の立場上「学園闘争」は眺めているだけだった。全共闘のいう「自己否定」には強く共感したし、教官(教員)の権力性の指摘も賛成していた。それでも教育や教師そのものの必要性は否定できないと思っていた。

台頭する生徒のちから

一九七〇(昭和四五)年に県南一の問題児が集まっていると評判のY高校へ転勤する。

教師としての自己を鍛え直すためである。左翼的な口舌《こうぜつ》の徒にすぎなかった二〇代の教師を卒業して、悪い生徒ともやりあえる実践的な教師になろうと決意したからである。ここには全県的に有名な実践家教師（Cさん）が居た。彼に教えを乞いに行ったようなものである。Y高は組合員の民主的な教師が多く、規律もルーズで生徒たちの管理はできていなかった。そのせいか、「毎年三〇人も赤点で退学する」と面接した校長がぼやいていた。進級や卒業で脅して秩序を維持するしかなかったのであろう。教師たちは自分たちが創っているそういう事態にまったく気づいていなかった。ちょっと口答えしたりする生徒を自己主張すると賞めていたりしていた。それでも、初任校の教員たちが保守派も進歩派もナイーヴさを欠く俗物だったのに対し、Y高は柔かさのある反体制的な俗物が多かったので結構楽しかった。

Y高ではCさんから「生徒を動かせない」教師は一人前ではないと厳しく躾けられた。進歩的なお喋りをしているだけでは生徒は変わらないし、教師の自己満足にすぎないということはよくわかっていた。クラスの集団づくりや学年集団づくりに取り組んだ。生徒のなかに立ちまじっての実践（生徒集団づくり）は、頭で考えたり、生徒に喋ったりするのとは異なり、自分でも一つひとつの判断が正しいかどうかわからない。生徒集団も教師の思うように動いたり形成されたりするわけではないのでなかなか大変であった。

何よりも、クラスのなかに必ず居るワルたち（不良、番長グループ）と折り合いをつけ、彼らをクラスの公的組織のなかに組み込んでいかなければならない。特に自分で学年を持って（学年主任と担任を兼任した）学年づくりに取り組んだときは、番長グループとのかかわり合いに充分気をつかわねばならなかった。八クラス、三八〇人ぐらいの学年で番長グループ的な連中は三〇人ほど居た。何とか、そういう連中をクラスのなかに組み込み、クラスの「公」的な動きにつなげるように苦労した。

生徒たちの自己意識は一九七〇年代の中葉に入り、かなり教師との対等を志向する動きを見せていたが、何とか教師の権威性を薄皮一枚残して維持しているギリギリのところであった。担任八人、副担任八人の一六人で学年は構成されている。私たちは一部の生徒を除いては「尊敬」されていなかった。しかし、学年団の教師としての権威を維持することは必要だった。それはきっと学年主任である私の「気迫」によって保たれていたろうと思う。ここでやっと気づいたが、「尊敬」するとはその一人の教師を人格的に優れていると思い敬意を払うことであろう。したがって、その教師とその生徒の人格性が出会わなければ「尊敬」は生じない。これは実はすこぶるむずかしいことではなかろうか。生徒の判断力や人間的幅にもかかわってくるからである。だから、教師が必要とされるのは「尊敬」ではなくて、教師であることへの敬意を払われることであろう。

とにかく大変な学年であったが、ひとつだけ誇りに思う出来事があった。クラスづくりとか学年づくりとかは行事を通じて生徒の自治（誇りを持った自己管理）を進めていくことにあるが、二学年のとき修学旅行の行き先、実施の仕方等を学年の委員会（教員も入っている）ですべて決めて実施する方法を採った。教師が決めるのではなく教師も委員の一員である学年委員会で決めるのである。学年委員にはかなりのリーダーシップが必要であった。あるクラスの学年委員に一年の三学期に他県から転校してきた生徒が居た。その子は知的レベルでもY高の生徒よりひとつ上の能力を持ち、ほかの生徒とは異なるふんいきを持っていた。また、家庭の事情で学校の近くで一人で下宿していた。いろいろな事情、経過は省くが、その生徒が最終の宿泊地の京都で、番長グループに布団むしにされ暴行を受けた。それが計画的なものだったのか偶発的なものだったのか、理由があって事件の調査をまったくしなかったのでわからない。

そのことを知ったきっかけは修学旅行後一週間ぐらい経ってから、昼休みに校舎裏でちょっとした暴力事件があり、その加害者を取り調べているときに、「ほかに何かやったことはないか」と尋ねたら、修学旅行でこういうことがあったと白状したからである。その日の放課後、緊急の学年会を開き、次の日の朝のホームルームで担任は「この事件に加害者としてかかわった者は担任に名乗りでるように」という指示を出すように要請した（「社会的な違反行為は学校側が処分をする」と学年委員会で決めてあった）。

まだ、この学年の卒業まで一年四カ月ほどある。被害者への調査で加害者を特定することは衝突を引きずることになると考えたからである。そしたら二〇人以上の生徒が名乗り出てきた。逃げる奴はいないと思っていた。なかにはそこに居ただけの生徒もいたが、差はつけずに家庭謹慎の処分を学年会→職員会議のルートで決定して出した。但し、クラスの代表である学年委員だった二名は「無期家庭謹慎」（実質は二週間）、あとは一週間とした。生徒本人たちはこちらに何にもクレームをつけなかったが、保護者を呼んでの申し渡しの際、文句をつけてきた親は数人居た（学校に処分権はないはずだと見当違いのことをいう保護者も居た）。なぜかＰＴＡの幹部たちにもこの処分は不評だったらしく、私は学年主任として校長に命じられて、全学年の被処分者の家をまわり、保護者とも面談した。すごく大変だった。

人間との結びつきが消えた

一九七〇（昭和四五）年を越えて経済（利益）一本槍の社会となったような気がした。共同体的な価値、人間の精神的な価値が軽視される時代となり、時間や歴史の感覚が消え失せたような感じだった。人間《ひと》の拠り所がどこかに行ってしまったという気がした。生徒たちとのつながりがむずかしくなった。団塊の世代とは同じ「農業社会的近代」の経験があるので、まだ何とか会話を交すことができたが、七〇年代も中葉に入っての生徒たちとは共通の話題や問題意識を持つこともなくなった。相変わらず「国」「邦」は不在だし、超越的な「神」はもともと居ない。彼らの個と人生を位置づける普遍的な価値は不在だった。生徒たちは自ら自己を位置づけるしかなかったし、私たちは彼らの内部の「真実」に頼るしかなかった。

当時の彼らが人間の生き方に価値の上下があると思っていた気配はない。三年間で私の思いは意識されない形でかすかに伝わったかもしれないが、彼らがその思いを自らとを比較する力量はなかったろう。学校は経済（利益）以外の人間的価値や共同体的価値に支えられることのない「消費社会的近代」に揺さぶられる時代に確実に入っていったのである。つまり、教師と生徒との接点が生徒の利益（得）を媒介にしないでは成立しなくなった。

一九七九（昭和五四）年、三校目になる新設七年目の共学・普通科のF高校に転勤する。伝統校・受験校に行く気はまったくなかった。生徒たちが学校を好きになれるような教育をしたいと能天気なことを考えていた。生徒が大きく変わりつつあるなんて思ってもいなかった。三八歳になり、前任校での全力投球や校外の研究会（のちに「プロ教師の会」となる）への熱中で身体と心にガタがきていた。

これは結果論的に不可能だが、新設校の校長は大学進学率を上げて実績にしたいのがふつうである。現実問題として成績のいい生徒が来ないと進学率は上がらない。そのためには、近隣（地元）の中学の教師たちや親たちの評判をよくして「いい生徒」を送ってもらわないとならない。ということは、元からある実績のある高校や伝統校を追い越さなければならない。当時は（次の年の一九八〇年に全国の中学校で「校内暴力」が頻発する）中学はまだ「偏差値」支配の進学体制で、少しでもレベルの高い高校へ、そして、大学進学へというのが父母や生徒たちの主要な傾向であった。高校もコース制を敷いたり、学校の個性を確立して多様化するのだと教育委員会がいいだすのはもう少し先になってからである。

新設七年目のF高も受験校を目指し、進学実績を上げようと管理職は教員をコントロールしていた。そうなると、もともとあまり勉強に興味のない生徒が来ているわけだから、生徒たちをいろいろな意味で抑圧することになる。つまり、管理管理でおとなしくさせようとする。当時は受験といえば旺文社の『蛍雪時代』と全国模試だから、その情報レベルで生徒たちを煽ろうということになる。現実の生徒と接点はほとんどない。あるいは、生活規律などでも問題を起こさないように先に先に手を打って、生徒たちの学園生活の幅をせばめることになる。いまでも多かれ少なかれ中位および下位の高校はそうなっている。学校とはそういうものである。そういうやり方が間違っていると決めつける気はないが、とにかく、当時のF高の生徒たちは教師を「尊敬」するどころか強い不信感を持っていた。生徒たちが自立し始めていたこともある。市民社会的な自由をほしがっていた。時代は「消費社会的近代」に入っていた。将来のために、いまがんばって勉強することは大方の生徒にはむずかしくなっていた。

印象的だったことが二つある。ひとつは、文化祭のとき、拘束は午前中だけで、クラスで点呼すると、多くの生徒が自転車に乗って帰ってしまったことである。学校にも文化祭にも愛着を持っていないのだ。私はこういう学校もあるんだとびっくりした。それから、全校球技大会のとき、最後に優勝チームが教員チームとバレーボールのエキシビジョンで対戦したのだが、教師チームが点を入れると生徒たちは本気で「シー、シー」といい合って不快感を表明し、生徒チームが点を入れると大騒ぎして喜んだ。こりゃ根の深い問題だなあと思わざるをえなかった。もっと生徒のすごしやすい、教師と生徒の交流の活発な学校にしたいと思った。また、できると思った。

しかし、こういう考えはかなり甘い考えだった。生徒たちの変容と世の中のニーズ（親たちの教育要求）に合っていなかった。地域の中学の教師たちは学校のいうことを聞く、勉強好きな生徒を望むし、親たちは社会的に上昇して行ける能力（学力）を望んでおり、両方とも生徒（子ども）を立派な人格にしたり、社会に貢献できるような人物になることを望んでいなかった。特に、親は子どもとトラブルを起こさないで仲よく生活することを第一義としていた（非常に甘くなっていた）。

一九八〇年の転換

私はF高に一〇年勤務したが、一九八〇（昭和五五）年の「校内暴力」から始まる学校、教育の変動期のさなか、前半の五年はまあまあの学校にすることができたが、後半の五年は堰を切ったように問題校に転落していった。その対極として新設の私立高校や受験教育中心にリニューアルした私立高校がどんどん伸長していった。教育に熱のある親たちはどんどん私学へ流れていった。私の見通しが甘かったともいえるが、それ以上に世の中や親、生徒たちの変動が甚だしかったのである。

教師に社会や人々の意識や欲望がどう変化するかは予測できない。それまでに蓄積してきた教師としての姿勢や技術や決意では対応できないほどの大きな変化であった。一九八〇年が戦後教育の転換点というゆえんである。あのとき以来発生している学校不全、教育不全は何ひとつ完全に解決されることなくいまも続いている。教育熱心な階層の親たちは学力だけでなく、生活指導も厳しい私学に頼るようになった。

転勤して二年目に、一年生の学年主任（担任を兼任）を持つことから始めた。「きちんと生活できて、楽しい、そして勉強もする学校」にしたかったのである。いまから（あとから）考えると、いかにも牧歌的で時代とずれていたような気がする。

つまり、時代は「消費社会」に入り、共同体的な日本人の美風はどんどん消失していたからである。みんな必要だから物を買うのではなく、商業戦略に乗せられてイメージで物を買う（買える）ようになっていた（「おいしい生活」のキャッチフレーズが流行った）。モノがコトや精神や心の上を行くようになったといおうか。学校も社会や地域から遮断されずに「シティ化」していた。学校に「街」がどんどん入り込んできた。街に住む市民は戦後民主教育の期待した「社会を構成する近代的市民」とは大分異なっていた。

　世の中の風は消費の増大化と個人の利益と自由をめぐって吹いていた。したがって、生徒たちは規律や指導を歓迎しないようになっていた。私は生徒たちが学校での生活や行事、そして、勉強によって集団性を身につけ、その集団のなかに自己を位置づけて理解するようになることを希《ねが》っていた。生徒たちは、社会は平等でみんなが物質的な幸福を手に入れられると信じ込んでいる。しかし、みんなは平等でないし、能力も意欲も平等ではない。もちろん、法的には平等であるが、現実の生活において平等は実現されない。平等の幻想の下に差別的（格差的）な社会が続くことはわかっていた。そのなかを誇り高く生き抜くためには、自分をよく知っていなければならないし、自分をよく知るためにはまわりや社会を、しいては、歴史や世界を知っていなければならない。彼らの教育はそのためにこそある。そのための教育をしようと思っていた。

　そのためには教師は指導者としての権威を身につけていなければならない。生徒から敬意を受ける存在にならなければならない。生徒が自立していくことは、教師も自立していくことである。まず、教師の努力が必要と考えていた。

　最初の学年はしっとりとしたいい学年になった。みんな仲がよくなったし、勉強はなかなかできるようにはならなかったが、一生懸命勉強していた。クラスや学年の行事、生徒会行事で生徒の自治を大切にするように進め、生徒たちの決定を尊重したので、教師との関係もとてもうまくいっていた。教師は生徒の自治を尊重するし、生徒たちは教師の権威を認めていた。それ以前に根づいていた教師不信はこの学年ではなくなった。三年生のときに創立一〇周年記念式典があり、記念誌が発行された。そこに生徒会長だった学年のリーダーのY君は「こうしてF高校は進学校でも就職校でもなく、青春校になったのです」と書いた。まさに、言い得て妙の表現だった。

値踏みする時代

この年に四年制・短大含めて一二三名の卒業生（三分の一に当たる）が進学した。それ以前には考えられない高率だったし、何よりも私は生徒たちの多くがF高に満足していることがうれしかった。この教師と生徒の蜜月とも呼べる出会いはこの一年きりであった。地元の人たちや中学の教師たちは必ずしもF高の教育に好意を持っていなかった。

F高生たちの「F高は自由だ」という地域での発言は、「F高は生徒の好き勝手にしている」「F高は自由放任主義だ」と誤解して受け取られた。中学はまだ「校内暴力」の真っ最中であり、地元で、いじめで飛び降り自殺の子（中学生）が出たりしていた。「学校が自由だ」はまさに反教育的に受け取られた。その上、私立高校の受験中心、生活指導優先の宣伝戦略は公立学校の不安定さに反比例してどんどん実績を上げていく。従来、F高に来ていた学力の生徒たちが新設の私立高校に吸い取られていく。F高は私の学年のひとつ下の学年のときに偏差値が最高になり、あとはどんどん下がっていった。

私の学年が一九八三（昭和五八）年に卒業し、その下の偏差値の一番高かった学年が文化祭で合唱祭（一、二、三年でひとつの合唱団）を成功させて卒業していく。文化祭の後夜祭で生徒たちが感激してみんなで校歌を大合唱して、校長さんに強い感銘を与えた。この二年間がF高のピークであった。この子たちが卒業したのが一九八四年。その年度はそれなりに安定した学校状況だったが、一九八五年から生徒の生活レベル、学校の秩序が急激に悪化する。教師と生徒の関係、「尊敬されない教師」のレベルでいえば、合唱祭を成功させた三年生でさえも教師団に強い不信感を持っていた。生徒としての主体性というより市民社会の住民の主体性だった。

ひとつは教師団の意見の一致がなく、それぞれが勝手なことをいい散らかすからでもあるが、それと同時に、生徒たちの意識が完全に「尊敬」や敬意とはほど遠いところにあった。教師たちを冷ややかに眺めていた。教師団をその学校の教員としていわば層として敬意を持って眺めるのではなく、生徒の個々が自分の個性や感覚や価値観で教員の一人ひとりを値踏みする時代に入っていたのである。

卒業式の答辞の作成の係になった私（三年の学年団の副担任で生活指導部長だった）が生徒の代表たちの原案を見せてもらうと、担任の一人ひとりの授業態度や指導姿勢をからかっている。たとえば、数学の教師が黒板の前でいつも考えこんでいて授業がうまく進まなかったと揶揄しているわけである。

高校生活の最後に自分たちの指導をしてくれた学年教師団を茶化している。そういう類の答辞の素案を見たのは初めてだった。私は生徒が教師団を批判するのが悪いとか間違っているとか思わない。生徒たちには生徒たちの真実がある。真面目に批判すればそれには教育的価値がある。そう思って、その生徒たちに「君たちを三年間面倒を見てくれた学年教師団を批判するなら、もっと真面目に性根をすえてやれ」とお説教して、書き直させた。自分の学年ではないから手を加えることはしなかった。かなり、きちんとしたいい答辞になっていた（と私は思った）。ところがこれは学校の面子（評判）としては戦略的な大ミスとなった。卒業式には地元中学校の校長で大ボスが参列していた。この「大人物」が「F

高では教師団が卒業式で生徒に批判された」という情報を地元のあちこちに流した。

私は生徒たちと真摯に向き合うことが、学校の評判を地元で下げることになるなんて思いもしない世間知らずだった。生徒たちにとって「いい学校」にすれば、地元の評判は上がってくると思っていた。教育には教育独自の価値があると思っていた。教師たちが思っている教育と、親たちが希望する教育が違ってきた。私たちの思う教育的価値は地元ではマイナスの教育的価値と受け取られた。生徒を自主的にしてはいけないのだ。とにかく生徒は抑えつけておくべきだという信念を持つ「大人物」はF高のダメさを宣伝して歩いた。私は教育・学校の自由が地域から包囲されていると思った。地元の中学の教師（すべてではないが）はF高の成長に見切りをつけていた。彼らにとってF高は貴重なところだった。どんな生徒でも入学させてくれるF高はとても役に立つところだからだ（県立高校は定員内の応募者は全員合格させなければならない）。

社会的ルールを越境する生徒たち

入学してくる生徒たちは「消費社会」に染めあげられた自己利益中心の生徒であると同時に、自立的だった。生活規律を守らない学習能力および学習意欲のない生徒が多数派になっていった。学校の日常自体が不安定になっていった。生徒たちは「生徒」を装えなくなっていった。

当時の県立高校で生活指導を担当していた教師たちは、一九八三、四年あたりから「不良（番長組織）が居なくなったら、かえって学校が大変になってきましたね」と話し合っていた。確信犯的なワルは居なくなった。ふつうの子が罪の意識なく悪いことをするようになった。「不良」行為は一部の子がしたが、「非行」はいつでも誰でもやるようになり、やる可能性のある時代となった。生徒たちの内部で善悪の区分が不分明になった。もう少しあとに生徒の道徳観の定番ともいえる、たとえば「援助交際」は「やってはいけないことだが、本人がそうしたいと思えばやってもいい」というダブルスタンダードが出てくる。自主的、自立的になってきたのである。自分の感覚がまわりの基準より大事になった。「やってはいけないこと」という社会的ルールを、本人の利益や欲望や意志で棚の上に祭り上げて守ろうとしない。

最初におかしな出来事が起きたのは、一九八五（昭和六〇）年のことであった。外見からいうとごくふつうの真面目そうな男の子が教師に連れられて職員室に入ってきた。トイレでタバコを吸っているところを発見されたのだという。ところが、いつもと決定的に違うことがあった。本人は「見られている」のに吸っていないといい張る。こういうことは初めてだったので面食らってしまった。教師に喫煙しているところを見られて、しかも、タバコ、マッチを所持していて、吸ったことを認めない。子ども同士が「やった」「やらない」といい合っているような感じになってしまった。教師の権威を認めていないから、「吸っていた」「吸っていなかった」の水かけ論になってしまう。対等なやりとりになってしまった。何とか親を呼んで校長注意をして格好をつけたが、見知らぬ世界に迷い込んだような不安な感じになった。これがF高の不安定化の最初の事件となった。

ついで起きたのが女子生徒のカンニング事件である。試験監督がどうもある生徒の素振りがおかしいので注目していたところ、答案用紙の下に小さなカンニングペーパーを隠していることがわかり、取り上げて連れてきた。顔つきで判断しては悪いが、この子もごくふつうの感じのする子でふだんから生活態度に問題があるわけでもなかった。だが、この子もカンニングはやっていないといい張る。ペーパーは前日暗記するために作ったもので、直前まで見ていたので仕舞い忘れただけだという。状況からいってもおかしいだろうといっても、いっかなやったことを認めようとしない。しんどいやりとりが続き、とにかく状況としてはカンニングをやったと認定せざるをえないと言明して、親を呼んでの校長指導となった。

ところが、この父親が「子どものいうことを信じます。どうして先生方は生徒のいうことを信じないで罪を犯したと決めつけたいのか」と教育論を展開して私たちを説教しようとするので、申し渡しは散々な展開となった。私たちも教育的良心が欠けているとまでいわれて平静ではいられなかった。

生徒が生徒でなくなる

一九八〇年代に入って教師の目からいわせてもらえば、生徒が生徒でなくなったのである。そのときは何がどうなったかわからなかった。教師↓生徒という指導ないしは権威の上下関係を認めなくなり、いうなれば一歩退かなくなった。生徒としての立場や分際を考慮に入れなくなった。これが「尊敬されない教師」の発生の直接の由来である。生徒や親が学校に対して強くなった。同様に、問題を起こした生徒の保護者（親）たちが教師の指導に敬意を払わなくなり、事件に対して教師側と本人の見解（意見）の分かれる場合は、必ずといっていいほど子ども側につくようになった。これは本当に精神的に疲れる原因となった。親を呼んで注意するというのは、親に謝ってもらって本人の行動を制限しようとする意図でもある。別に本当に悪いと思っていなくてもいいのである。

実際、生徒は喫煙ぐらいは悪いとは思っていない。「あ、やべえ、見つかっちゃった」ぐらいが本音だったと思う。そういう価値判断を変えることは不可能だ。しかし、喫煙は違法行為であり、しかも学校でわざわざ吸うのである。反省したふりを親にしてもらわなければいけない。親は恥をかいた様子を子どもに見せて、子どもの行動を抑えてくれればいい。校長による保護者呼び出しは一種の儀式のようなものである。それが儀式として展開しなくなったのは、保護者たちが学校や教師に敬意を払わなくなったからである。

教師は「尊敬されない」存在に一九八〇年代になるとはっきりとなっていき、生徒にとっても「指導してくれる」「注意してくれる」人ではなくなり、わずかに「教えてくれる」という要素だけを認めるようになったのである（つまり、塾や予備校との差がなくなった）。

学校に行ってやっている

お互いにある程度信頼し合えた私の学年が一九八三（昭和五八）年に卒業していき、成績の一番よかった次の学年が八四年に卒業していった。まだ八四年度は学校は平穏を保っていた。高校では問題を起こした生徒に対する指導（処置）は何段階かあり、担任注意、学年注意、校長による注意、親を呼んでの校長注意（ここには家庭謹慎や停学、退学が入る）などがある。校長による注意以上が「処分」になる。処分になる対象は項目にしてみると、喫煙、窃盗、授業妨害、暴力行為、対教師暴力、カンニング、怠学、バイクや乗用車で学校へ来ることなどである。八三年度は処分件数は三一名であった（三学年を通して）。八四年度も三一名であった。八五年度になると急激に増加して六六名（約二倍）になる。次の年の八六年度はさらに増加して一〇一名（約三倍）、八七年度、八八年度は共に九八名であり、いわば高値安定の状態になった。

もちろん、処分だけがトラブルではない。正確には保護者を呼んでの処分の半分以上が校長の申し渡しの席上で親とのトラブルにもなった。スムーズに儀式が終了するのは稀になる。トラブルになるのは、保護者がF高をたいした学校と見なしていないからである。

八〇年代中葉になると、親も生徒も「学校でお世話になっています」ではなく、「学校へ行ってやっている」というような気風になってくる。いつも定員割れをして、二次試験を繰り返すようになると、誰でも入れるから学校のありがたみがなくなったのである。その上、みんなが高卒になるから、高卒の経済的メリットはなくなる。一部の生徒にとっては我慢する理由がなくなったのである。無理矢理来させられているような気分にもなる。

高校を出たことのメリットはなくなったが、出ないとある種の職業にはつけないから出なければならないというジレンマもある。

八〇年代も後半になってPTAの会長からこういう話を聞いた。その方は教育熱心な方で地元の中学のPTA活動にもかかわっていた。その中学も生徒たちが荒れていて、生徒が教室に入らないで校舎外をぶらぶらしたり、タバコを吸ったりしている。PTAで見回り隊を組織してそういう生徒たちに注意をしたりしていたのだという。その際に、「そんなことでは高校へ入れないよ」とかいう話も出たのだろうか。そのとき、その子が「いいよ、オレはF高に行くから」といい返したとのことである。がっくりきた。わずか数年のうちにF高はそういう誰でも入れる、地域で一番下の高校と見なされていたことに衝撃を受けると同時に、だとしたら教員たちは毎日よくがんばっているよと思わざるをえなかった。クラス、行事、生徒会活動など生徒のなかに入り込んで汗水たらしていた。

ちょっと余談になるが、タレントの「おニャン子クラブ」でセンターもしていた新田恵利《にったえり》さんは、一九八九年三月卒のF高の出身である。卒業式のとき、カメラ小僧や何やら押しかけてくるという情報が流れ、厳重な警備をした記憶がある。一、二年前にテレビに出てきて、高校生のとき、地元の自宅に住んでいてファンが押し寄せてきて大変だったなどと思い出話をしていて、おニャン子のほかのメンバーが「だから、プロダクションから東京へ引っ越しなさいとうるさくいわれていたんだよね」と喋った。

新田さんは東京へ転居しなかった理由として、「わたしはねぇ、あのバカ学校を卒業したかったんだよ」と大声をあげた。おそらく、その場に居た人は誰もその真意がわからなかったろう。私はわかった。そして、一人で涙をこぼした。そんな風にも彼女が愛着を持ってくれていたF高で苦労していた同僚たちに聞かせたいと思った（もっとも当時私はそれどころではないから、「おニャン子クラブ」のことは少し知っていても、新田恵利さんがF高に居ることなど、卒業の直前まで知らなかった）。

教育は戦いである

私はF高がだんだんと不安定になり、乱れていくことを心配している生徒指導部長だった。F高は生徒の自治や自主を目指していたから、授業だけやっている学校ではなく行事も多かった。教師はより大変だった。一回目の自分の学年を卒業させ、二年経ってからもう一度学年を担当して教員たちに展開例を見せようと考えた。まだ自分が学年の先頭に立ってやれば少しは何とか形になると思い込んでいた。思い上がってもいたし、社会や世の中、地域や親たち、そして肝腎の生徒たちがどれだけ変容を遂げているかの実感がなかった。教師集団の熱意と誠意をぶつけていけば、何とか高校生らしい集団にしていけるだろうという気がしていた。

そんなに生徒や事態は甘くなかった。本当はこれからのことはあまり書きたくない。自分たちの指導や実践の不成立を生徒のせいにしているような感じになる。教育や学校がうまくいかないのは最終的には教師の責任に帰せられると思う習性はある。でもこの二五年、諏訪哲二の個人名義の単行本や「プロ教師の会」の共著の単行本やムックで敢えて書いてきた。それは何よりも「教育は戦いであり、すこぶる困難な事業」だと痛感しているからである。世の中の人が教育を甘く見ている。たとえば、「誠意を持ってやれば通じる」といった具合に。

『天声人語』を読んでいたら、作家の村上龍《むらかみりゅう》さんが『新・13歳のハローワーク』（幻冬舎）を出版して、国語が好きな生徒は作家や編集者や書店員になればいいと書いていると肯定的に取り上げていた。教師を三七年間やって数千人の生徒に出会っている私（たち）からすれば、人はそれぞれ能力、個性、好みが違うから、国語が好きなのは一緒でも、作家になれる子と編集者になれる子と書店員になる子とは、もう出発点から違うことを知っている。なんという能天気なことを相変わらずいっているのかと思った。教師が学校でやらなければいけないことは趣味や個性や好みに従って職業を選ばせることではなくて（だいたい、作家になることなんかみんなに選ばせられるはずがない）、趣味や個性や好みにかかわらず、一個の社会人として、職業人として生きていけるちからを身につけさせることなのである。

好きなことしかできない人は近代人とはいえない。近代的人間は汎用性が高くなければならない。みんなが好きな職業につけるはずがない。それにどういう職業につきたいかの前に、社会的人間として通用するための訓練と教育が必要である。毎日学校に来ることや、市民としての知的・生活的基礎を身につけること、時間どおりに動くことや、協同で作業していくこと、他人《ひと》がどういう人間か理解することや、その裏腹にある「自分はどういう人間か」を知ること、世界や歴史や宇宙が何であるかを把握すること。こういう市民社会の住民（主体）としての土台を身につけさせることが必要とされる。個性や独自性はそこを通過しなければ出てこない。

学校が近代的市民の基礎的なちからを身につけるところという認識を八〇年代以降社会の人々は忘れがちになってしまった。だから、村上龍さんのような「国語や文学が好きな子は作家や編集者や書店員を目指せばいい」という単純な解決法が出てくる。もちろん、教師も完成された人間ではないし、個々にはそれぞれ問題と欠陥を抱えている。だが、層としての教師というのは社会や世界や人類のことも知らず、自分のことも不確定な子ども（生徒）たちに世界認識や自己認識の基《もと》を身につけさせるという有益な仕事をしている。社会が近代的市民を構成するのであろう。だが、ひと（子ども）は時間が経てば自然に市民になるわけではない。市民として生きていける知的・身体的ちからの土台は学校が創っていることは間違いない。その前の人間的土台は家庭が創っている。

不気味な生徒

八〇年代中葉に私たち教師が出会った生徒たち（全部ではない。比較的低位に居る子どもたち）の何が一番異様だったかといえば、彼らは自分たちが「完成している」という発想はなかったろうが、教師とも拮抗できる「一人前の人間」であると思っていたことである。そういう生徒たちはいきなり現れた。これが何とも不気味だし、怖ろしかった。もちろん、そのことに気づかない教師は高みに立って呑気にやっていた。私は心底からビビッた。私は教師と生徒との上下関係は、それを生徒が了解しない限り成り立たないことを知っている教師だった。

つまり、生徒は能動的な存在であることを知っていた。どのような生徒の言動であれ「また生徒がバカや（い）っているよ」と片づけることのできない教師だった。「一寸の虫にも五分の魂」。生徒には生徒の言い分があり、そこには生徒の真実が含まれている。だから、私は心因性の病気になり死にかけたのである。教師には鈍感さが必要なのだ。あるいは、鈍感でないと教師をやっていられないのだ。

教師は生徒を導くのではなく、近代的市民に形成しなければならない。「導く」とは平面的に移動させることであろう。「形成」とは元の本質を残しつつも、違ったあり方や生活の仕方ができるように変えることである。変身させることである。

かくして、一九八六（昭和六一）年四月、私はまた担任を兼ねた学年主任として二回目の学年を発足させた。入学式当日、八時三〇分までに指定の教室に入り、着席しているようにに指示をしておいた。ところが、半分以上の生徒が廊下にたむろしていて、教室に居る生徒も席にほとんど着いていていなかった。まず時間を守るという発想、指示に従うという習慣が身についていないらしかった。

入学式が終わり、私のクラスは一組だったので体育館の椅子片づけがあった。半分ぐらい片づけた段階で生徒たちがどんどん引き上げていく。残った生徒と苦労して椅子の格納を終え、あわててクラスに戻ると半分以上の生徒が居ない。ほかのクラスの生徒が帰ったので一緒に帰ってしまったとのこと。担任の指示なしに勝手に下校したわけである。その日から、いままで起こらなかったことが次から次へと発生した。

私は当時四六歳の中年教師だった。学年主任であり担任であるが、クラスで話す言葉の一つひとつが浮いてしまって生徒の内部に定着しないのである。彼らは私をモノを見るような目つきで見ているし、「尊敬していない」のは当然として、敬意を払うことなく、もちろん、学年主任や担任や教師の権威も認めていなかった。こういう生徒たちは初めてだった。

私のクラスは一階の昇降口のそばにあり、昇降口から渡り廊下を渡っていくと食堂がある。食堂に一番近い教室である。ところが生徒たちは四時限の授業が終わると一〇人近くの生徒が窓から飛び出して、中庭を突っ切って食堂へ走り込むのである。もちろん、上履きで外を走っているわけである。この件での私の記憶はここまでで断絶している。注意したかどうかも覚えていない。ことによると注意していうことを聞かないと思って見ないふりをしていたのかもしれない。昔だったら厳しく注意したのだが、なぜかそれができない。

彼らは何も悪いことをしているとは思っていない。私の注意は無視される可能性が高かった。学年主任として担任として、そういう空振りをするわけにはいかない。注意、指導したときは従わせることができなければならない。従わせることのできない注意や指導を連発すると、彼らは完全に学校の秩序に従わなくなる。まだ学年は三年あるのだ。

蔓延する恣意的な躾

教師は教師である体裁が保てなければ日常が保てない。彼らは明らかに私たち教師を「尊敬」していないばかりではなく、教師のいうことは一応聞いてやろうという姿勢がない。自分の利益や感性にさしさわりのないことは聞き流している。自分の利益や感覚に合うことには従って（やって）いたのであろう。教師は長いことよっぽどのことでない限り「生徒は従う」、あるいは「生徒は従うふりをしてくれる」と思い込んでいた。「教師が教え、生徒は学ぶ」は教育の基本だからである。そのときは気がついていなかったが、その基本が侵食され始めたのだといまはわかる。彼らは子どもとしての流儀を家庭で身につけてこなかったのである。作家の伊集院静《いじゅういんしずか》さんが『週刊現代』（二〇一五年九月二六・十月三日合併号）のコラムに、中国人買物客の行儀が悪いことにかかわってこう書いている。

〈この連中の行儀がすこぶる悪い。なぜか？　躾をしてないからである。いくら国が豊かになろうが、国家の基盤である家族、家が、人間に必要な最低限のことを子供の時から教え、時には叩き込んでいなければ、その国はいつまでたっても二流以下である。日本人の大半が二流になったのも、そこにある〉

伊集院さんは〈躾をしてない〉と書いているが、実はどの家でも親は躾をしているのである。アンケートを取っても「うちでは厳しく躾をしています」が当時でも八、九割になっていた。ただ、伊集院さんや学校が考えるのとは違う躾をしているのである。価値観が異なっているのである。たとえば、自分の利益のためには他人《ひと》を不利に追い込んでもいいと教えられている。いい躾と悪い躾がある。

あるとき、ある生徒の処分申し渡しがあった。父親がやってきた。その父親は本気でそう思っているのか、教師に対するはったりだったのかわからなかったが、いきなり目を剥いて「いやぁ、うちは厳しい躾をしていましてねえ」という。我々がその生徒を見ていると、とうてい厳しい躾をされているとは思えないだらしのない子である。だんだんと話をしていったら、なんと午前一時からガソリンスタンドでアルバイトをさせていることがわかり、どこが厳しい子育てだと思わざるをえなかった。

当時の親たちは団塊の世代に当たるが、私たちと考え方や基準が違うので、「厳しい躾をして下さい」と仮にいっても真意は伝わらない。親たちは恣意的な子育てをしていて、それが躾だと思っているからである。何よりも「自分はいつも正しい」と思い込んでいる。自己の利益、自己の感覚だけで生きる時代に入ったのである。お友達親子という言葉もできた頃だったが、極端にいうとお互いに甘えっこをしていた。

喋ってねえよ

一年の一学期に自分のクラスで授業をしているとき、最初からずっとお喋りをしている生徒がいた。私は何度も授業を止めて、それとなく彼に注意をうながしながら、できればそれで彼の私語を止めさせようとしていた。ところがいっかな彼の長話は止まらない。とうとう大きな声で注意をした。とたんに、彼はこう反撃した。「喋ってねえよ。ふざけんじゃねえよ、オカマ」。私は頭が真っ白になって何が何だかわからなくなり、いい返せなかった。クラスはシーンとしている。昔の私だったら引っぱたいただろうが、それもできなかった。彼の本性がわからないし、クラスは私の味方ではなかった。そしたら、クラス委員の男の子が「センセー、〇〇君いま喋っていませんでした」と私を牽制したのである。

喋っていなかったことなんて万に一つもなかった。授業の最初から喋っており、本人も私がチラチラ見ているのに気がついていた。そのクラス委員が何を狙ってあんな発言をしたのかいまもってわからない。ことによると、私を救おうとしたのかもしれない。ここもよく覚えていないのだが、教師として何とか格好つけたようなことをいって終わりにしたのではなかろうか。四六歳の中年教師が一五の男子生徒に私語の注意をして、収拾がつかなくなったのである。

私の私語の注意の仕方が感情的だったことはいうまでもない。彼（あるいは生徒たち）は授業中の私語よりも、大声で怒鳴りつけた方が悪いと思ったのかもしれない。何よりも頭ごなしの注意が彼や彼らの神経を傷つけたのかもしれない。きっと中学では校内暴力のせいで高校よりずっと丁寧に扱われていたのであろう。中学では教師との距離関係がずっと生徒優位になっていた可能性もある。

世の人たちは教師の強制力とか権力とか管理を非難するが、そういうちからは生徒（たち）が教師の権威を認めている場合にだけ発揮できるにすぎない。彼らが教師に敬意を払っていなければナッシングなのである。たとえば、いじめは必ずある。そしていじめの指導をめぐって教師はいつも非難される。だが、いじめの加害者（と思われる者）がいじめを認めないとき（実際、彼らは無自覚であることが多い）、何を根拠にして教師は「事実」「真実」を確定することができるだろうか。これは教師に「そう決定できる特権」を公的に与えることなしにはできない。ここをよく考えていただきたい。

贈与から交換関係へ

「尊敬されない教師」が誕生したのは、教師がダメになったからではなく、市民社会レベルの人と人との関係（契約関係、商取引の関係）が学校に持ち込まれたからなのである。教師に敬意を払う社会的習慣がなくなったからだといってもいい。

昔は、学校や教育は国や社会からの贈与と思われていた。社会（共同体）からの贈与を受けて子どもは成長していくのである。子どもは共同体（家族・コミュニティ・学校）からの贈与（保護、養育、教育）を受けて大きくなっていく。いきなり、一人で市民社会に投げ出されるわけではない。親の養育も贈与なら、教師の指導（管理）も贈与なのである。子どもたちが対価を支払って「買って」いるわけではない。一方的な恩恵なのである。したがって、この関係は商取引のような対等な契約関係ではない。子どもは親や教師にけっして返すことのできない負債（恩恵）を負って成長する。この関係性はいくら社会が進歩しても、「消費社会」化し、市民生活が成熟しても変わらない。

ところで、私たちの生活の場である市民社会の人と人との関係の基本は商取引を原型としている。共同体的なつながりは後景に退き、人と人との対等な契約関係（商取引）が基本になっている。現実にそうなっているかはともかくとして、理念としては対等な者同士が契約を結んでモノやコトのやりとりをすることになっている。これが平等の根拠である。つまり、社会の基本は贈与から交換関係になっている（贈与が消えたわけではない）。いうまでもなく贈与は一方の側が相手に対して優位な立場に立っている。贈与される方は贈与する方が押しつけてくる関係性を受け容れざるをえない（子どもが生まれるのも贈与であり、その親との一方的な関係性を迫られる。もちろん、親も子どもを贈与されるわけで、その子との一生の関係を迫られることになる）。

それに対して、交換は対等である。交換は嫌だったら契約を結ばなければいい（商取引と同じでいつでも解消できる）。これが市民社会のモノやコトのやりとりのルールである。

私は一九八〇年代中葉に、とりわけ低位の高校では教師と生徒が商取引の関係になっていたのではないかと考えている。彼らは本当に望んで高校に来たわけではなく、「高校ぐらい出ていないと困る」からやって来た。ましてや私の居たF高校へは「ここしか入れない」から来ざるをえなかった。ここを卒業しても、たいして社会的メリットをもたらすものではないことを知っている。

高校は誰でも入れる。だから、恩義は感じていない。教師を税金で養ってやっているぐらいに思っている。「行かせてもらう」ところから「行ってやる」ところになった。「何となく」「やむをえず」行ってやっているのに、F高では強面《こわもて》（外見だけだが）の学年主任をはじめとして、教師団が彼らを訓練し、教育しようと待ち構えていた。彼らは「厳しい」訓練や「むずかしい」授業までやると契約したつもりはなかったのであろう。そういう学校の贈与（強制）の態勢がきっと気に食わなかったのである。変なことをするのは一部の生徒だが、全体として何となくそういう生徒を「支持」している気配があった。彼らを教育や訓練の対象と見るのではなく、一人前の人間として大切に取り扱ってやるホスピタリティ（やさしさ）が学校にあれば、彼らもあれほど反発しなかったろう。実際、いま多くの都道府県で成績の低い、勉学意欲、通学意欲の低い生徒を卒業させるために、チャレンジスクールやサポートスクール、パレットスクールなどといって、登校日数や単位を少なくしたホスピタリティの高い高校がいくつもある。

要求される対等関係

いま考えてわかることは、彼らは商取引（交換）を教師とのあいだで意識的・無意識にやろうとしたのである。ちょっと喋っていただけで頭ごなしにみんなの前で怒鳴りつけられるなんて間尺（帳尻）に合わない。だから、「喋ってねえよ」といって交換関係に持ち込んだのだ。「オレは怒鳴られる理由はない」といいたかったのだ。これで「喋ってない」が「喋っている」と対等になれる。

これは私が経験したことではないが、授業中ずっと喋っているので、若い教員が注意したら、シャープペンをぶつけられて、「これくらい喋っていても、授業の邪魔にはならねえだろう」といわれた。「オレが納得しない注意は認められない」と対等（商取引）を主張している。また、放課後、二階にある職員室に上がってきた生徒が土足だったので、若い職員が怒鳴ったら逆切れされて、「そりゃ、土足で上がってきたオレが悪いよ。でも、いきなり怒鳴ることはねえんじゃねえか」とあわや暴力ざたになりそうになった。本人は一度帰ろうと思って昇降口から下へ降りて、それから用事を思い出して、土足を承知で上がってきたに違いなかった。「ハイ、ハイ、いい子だから土足を脱ぎましょうね」とでもいえばよかったのだろうか。中学ではそう扱われていたのだろうか。

学校には一度登校したら、担任の許可なしに下校できないという不文律がある。無断早退といって重大視する。生徒には登校したら行動の自由がない。これも商取引で考えれば不合理である。生徒は何のかんのと理由をつけて帰りたがる。担任は帰らせたくないから生徒とトラブルになる。私はもう彼らが帰りたいと思ったら止められないと思って、保健室の養護教諭に一任することにした。養護教諭が許可したら許可証を発行し、それを生徒が担任に提出することによって帰れることにした。熱があるとか歯医者の予約があるとかで担任とやりとりさせるのも消耗である。うまく合理化できたと思っていた。つまり、担任としてはなるべく学校に居させたいという筋を通したのである。

ところが、私の学年の一年生のことだが、彼らはこのやり方で早退できることになったことに満足しなかった。なお、交換関係（商取引）に近づけようとして、三人の生徒が、養護教諭が保健室に不在のときに窓から忍び込んで（窓はロックしていなかった）、早退許可証に養護教諭の印鑑を押して何十枚も盗み出したのである。そこまでするとはまったく予測していなかった。がっかりして教師の気力が落ちてしまった。

まだある。F高の生徒のほとんどが自転車通学なので大きな駐輪場がある。もちろん、一階、二階、三階の差や昇降口からの距離によって学年・クラス毎に定位置が決まっている。本人名の名札もぶらさがっている。冬になるとみんな起きるのが遅くなり、かなりの生徒が定位置ではなく、校門に近いところに駐輪してしまう。違法駐輪車がふくれあがって、校門の近くまで場所を占めてしまう。ゴミの収集車も入れなくなることもあり、冬になると学年から二人ぐらい立って、定位置に置くように呼びかけていた。

あるとき、注意したにもかかわらず三日も違う位置に置いたというので、三年の生徒が職員室の生徒指導部長である私のところへ連れて来られた（私の学年が卒業した次の年である）。私はたいした問題ではないので生徒指導部長として形式的な注意をして帰らせようと思っていた。ところが、その生徒はかなり凶悪な顔をして入ってきた。私が向き合って注意し始めると、彼はいきなり大声で怒鳴った。予想もしないような内容だったので、とっさに意味がわからなかった。けげんな顔をしていると、彼は一歩踏み出してこういった。「たった二人（学年に二人の監視員で）でいうことを聞かせようとするのはおかしいだろう」。ちゃんということを聞かせるのなら、もっと教員の数を増やしてきちんとやれとお説教したのである。教員が勤務怠慢をしていて「このオレ様にルールを守らせようというのは図々しすぎるじゃないか」という真意であることがわかった。

私も頭にきて身体が一歩前に出た。あわや一触即発かという場面で遠くから担任が「○

〇」と名前を呼んだので暴力ざたにはならなかった。私の身体なんぞすっ飛んでいたろう。この経過も何年か経ってじわじわと理解できるようになった。生徒に文句をつけるならそれだけの出費を教員もするべきだという、まったくもっともな等価交換（商取引）の要求だったのである。

むくわれない教員のちから

あれから三〇年くらい経つ。親や生徒たちの等価交換を学校や教師に求める「民間のちから」は「教員のちから」を圧倒して優位に立っている。「行政のちから」は当時もいまも教員の味方をしてくれない。住民とトラブルを起こしたくない事なかれ主義で一貫しているからだ。地方や地域によって土地柄のしっかりしているところは、コミュニティの人たちが学校を支えてくれるので、何とか「教員のちから」が通っているところはある。

もちろん、むずかしいのは大都市の周辺である。私たちは傷つきながら、病気になりながら何とか生徒たちを囲い込んで、それほど大量の中退者を出さずに生徒たちを卒業させた。退学処分は一名も出していないが、正直いって私は担任には生徒が辞めたいといったら慰留しなくていいといい切っていた。私たちの精神と身体は限界にきていたからである。

私はF高の二回目の学年を持ちながら、これが済んだら伝統校・受験校へ転勤させてもらおうと決意を固めていた。これ以上やったら生命にかかわる。同僚たちには見捨てるようで悪いとは思ったが、勤務期間も一〇年に近くなっていたし、転勤自体が避けられなくなっていたこともある。

ここでは詳しく書けなかったが、学年やクラスのリーダーたちには過重な負担をかけた。教師のリーダーシップのおぼつかない学年・クラスのリーダーシップを彼らにとらせたからである。いい子たちだった。教師と生徒たちのはざまに立って精一杯がんばっていた。生徒たちへの信頼を最後まで失うことなく、リーダーとして立ち続けた。彼らは卒業式の答辞に、〈そして、これから我々も新たなる夢と希望を持ちながらそれぞれの道に旅立つ。若さをもてあましていたような三年間。でも我々は常に夢を追い続けてきた。そして夢を追い続けて残ったものは勇気だった。変えられるものを変える勇気、変えられないものを受け入れる勇気〉といい残して去っていった。

未知の学校

生徒たちが卒業したその次の年、私は県西部の中心都市であるK市にある伝統校のK女子高校に転勤した。四校目にして初めて受験校に行ったわけである。気分としては弾丸《たま》の飛び交う前線から遥か後方にある補給基地に移動したようなものであった。

そこには違う学校があった。違う生徒や教師たちがいた。あまりの落差に苛立って、職員会議できついことをいって嫌われた。生徒たちは全員大学進学だし、生活上の問題も起こさない。授業は一生懸命やるし、終了後の起立・礼のときにみんなで「ありがとうございました」と大声を出す。もちろん、彼女たちも時代の子だから基本的に交換関係で生きている。しかし、教師に敬意を払うという共同体的な感覚がまだ生き残っていた。

教師たちを「尊敬」しているということはめったにない。「尊敬」とは個対個の人間的信頼関係の上に相手が人格的に優れていることを認めていることだからである。彼女たちは敬意を払ってはいたが、人と人としては対等な契約関係として認知していたと思う。教師の指導に従うこと、授業を真面目に受けることは彼女たちの利益と一致するからである。個の利益を核として、そのまわりを共同体的な倫理性でうまく包んで彼女たちは生活・勉強していた。繰り返すが、教師のなかには自分が「尊敬」されていると思っている人は居たかもしれないが、それはあくまでも教科を教えてもらうことの恩義を示していたのであって、関係そのものは等価交換（商取引）であったことはF高の生徒たちと同じである。

授業はたいていうまくいったが、クラス運営は必ずしもうまくいったわけではない。授業は「教えてもらう」立場だが、クラスは彼女たちの毎日の生活の場である。いろいろな自我の生徒たちがいるし、たまたまクラスの生徒の構成がバランスが取れていい学年はうまくいったが、人間関係がむずかしいときはひどいクラスにもなった。K女子高の生徒たちは個性の強い子も多いし、いったんクラスが傾いたら担任の手で立ち上げ直すことは不可能だった。

また、私という教師への反感とクラス内の生徒集団の折り合いの悪さとが重なって、私の長い担任経験でもとんでもない最悪のクラスになったことが一度あった。そのクラスは昼休みにやる全校一斉の清掃でクラスの掃除を一年間やらなかったし、授業は聞いているのだろうがすごく重たいふんいきで生き生きしたことがなく、教科担任からも「いったいどうなっているの」と聞かれたが、まったくわからなかった。

ことによると、クラスも授業も教師が教えたり、指示をしたりしているように一見見えるが、本当に動かしているのは生徒の方なのであろう。まあ、K女子高は生徒の利益が「教師が教え、生徒が学ぶ」ことを維持することにあったので、何とか生き延びることができたのであろう。

第3章

子どもはなぜ変わったか

消費社会的近代で育つ子ども

子どもの養育（家庭）や教育（学校）が困難になってくると、教育の仕方やあり方が議論されるようになる。「農業社会的近代」までは親もおとなも教師も自信を持って子どもの教育に当たっていた。昔と同じようにやればよかったからである。「産業社会的近代」に入って、子どもが共同体的なものから自立し始め、養育も教育も揺らぎ始める。これは近代社会（個人の自立）にともなう必然的なものである。社会が構造的に変わっていくので、子どもも変容し始め、親や教師に自信や確信がなくなったのである。

そして、一九七〇年代後半からの「消費社会的近代」に入ると、養育や教育は困難になり始める。日本の近代的個人には「普遍的なるもの」（たとえば、ヨーロッパのキリスト教のような）の媒介がないので、本人がそう思えばすでに立派な個人（人間）を主張できるからである。

近代的個人にはどういう力量や道徳性や資質が求められるのか、などと誰も考えない。本人がそう思えば個人なのである。どういうひとのあり方が近代的な個人や社会的な個人としての条件を満たすのかという発想がない。戦後の教育には「個人を育てる」はあっても、個人と「普遍的なるもの」や国家や社会との接点がどうあるべきかという観点がなかったからである。だから、「消費社会的近代」に入ると自己利益の追求者が個人となり、個人が内面化すべき社会性や国家性や普遍性がほとんど問われなくなったのである。「そこに居る」個人が絶対的になった。つまり、自分の考えが絶対になった。

そうして、子どもの育て方や教育の仕方についての議論が出てくる。教育議論は大きくいえば教育主義と放任主義とに分かれる（但し、現在のアカデミズムなどでの議論はもっと複雑で入り組んでいる）。もちろん、戦後の保守は教育主義的であり、革新は放任主義的であった。保守は教育には国家性が必要だと考え、革新は子どもそのものに成長の可能性があり、また、教科（科学）の体系が近代的個人を人間的、道徳的に形成すると信じていた（道徳教育不要論である）。

ありのままに育てることは可能か

日本には「草木を育てるように子どもを育てればうまくいく」という思想があり、かなり根強い支持がある。確かに、そういう考えは気持ちが清々《せいせい》とする。日本の伝統的な発想とされる「自然《じねん》」（「自然《じねん》」の反対は「作為《さくい》」であり、政治学者・丸山眞男《まるやままさお》の概念）という考え方である。親や教師が変に子どもの成長に手を入れるからいけない、子どもは「ありのまま」に育てればいいという。

たとえば、「夜回り先生」として名高い水谷修《みずたにおさむ》さんは日本中で講演をしているが、その骨子は子どもはそれ自身でもともとすばらしい可能性があるのに、親や教師やおとなたちが適切に見守ることができないので、うまく開花しないのだというものである。これはほとんど戦後の革新思想、戦後民主教育の思想である。水谷さんは子どもは自ら「育つ」ものだと考えている。花や木を育てるようにきちんと見守ってやりさえすれば、必ず自分で開花すると信じている。親や教師はどうしていいかわからない。

水谷さんはこう語る。

〈子どもはみんな花の種です。親や学校の先生をはじめ、社会全体できちんと育て、時期を待てば必ず美しい花を咲かせてくれます。もし花を咲かせることなく、しぼんだり枯れたりする子どもがいれば、それはまぎれもなく大人のせいであり、子どもはその被害者でしょう〉(『夜回り先生のねがい』サンクチュアリ出版、二〇〇七)。

これは人間がほかの動物と異なり文化的存在であること、子ども(ひと)は文化を受け容れなければならないこと(教育の強制性の根拠はここにある)、文化は自然の反対物であることがまったく考慮されていない。

ひと（子ども）は文化的存在にならなければならない。人類の歴史がどのように形成されてきたかをある程度知らなければならないし、社会がどのように形成されているか、みんなが守るべき法やルールや道徳を理解しなければならない。個人は社会とどうつながるべきか、社会で個人が生きていくためにはどのような関係を構築すべきかを知らなければならない。そういう多面的な力量を持って初めて近代的な個人の資格があるというべきであろう。人間に生まれれば人間になれるわけではない。

つまり、ひと（子ども）は生まれてすぐにひとになるが、近代的な人間の条件は満たしていない。長い保護と教育の時間が必要である。ひとになるためには意図的な教育（「作為」）を受けなければならない。ひと（子ども）は自ら「育つ」ちからは持っているが、それに外部から教育的なちからを加えなければ作動しない。でなければ、近代的な人間にはなれない。だから、子ども（ひと）は「創られる」のであり、そのためには「作為」としての多面的な教育が必要とされるのである。水谷さんは残念ながらそういう人間の根源性というか、あり方がわかっていない。人間をシンプルに捉えすぎている。

子どもは本来純粋で美しいものなのに、親や教師やおとながなまじいいかげんな教育をしてダメにしているという考えであろう。こういう考え方は自分の教育観が唯一絶対正しいという確信がなければ出てこない。

自然に育つは、ただの幻想

さらに問題なのは水谷さんの考えでは水谷さん流の（本当の）育て方をしなければ育児・教育はうまくいかないという点である。水谷さんが考えているように子どもを育てないと、子どもの成長は必ず妨げられて歪んでしまうといっている。しかし、実際には、いろいろな考え方があり、いろいろな育て方、教育の仕方があっていいはずだ。「作為」（つまり、文化の複合体）でできあがっている近代社会でどうやったら「自然《じねん》」に育てられるのか誰もわからないし、水谷さんも具体的には語っていない。水谷さんは子どもの成長にかんする美しい「物語」を語っているのである。

子どもは生まれたときから保護される必要のある生き物であり、親や教師やおとなが子どもの教育（つまり成長）に手や口を出さないことはありえない。だいたい、いままで見知っている慣習に従うことになるが、水谷さん流の「正しい花の育て方」だけが正しいはずはない。誰もどうしたら「自然《じねん》」に育てられるかわからない。

動物は自然のなかで自然に育つ。人間は社会のなかで文化的に育つ。動物は自然状態のなかで本能に従って生きる。人間は不自然状態（文化）のなかで、本能を忘失し、あるいは、抑えつけ、文化的に生きる。動物に比べて、かなり無理のある生き方である。頭で生きなければならない。人間も動物的本能を完全に失っているわけではないから、自然と文化のはざかいに生きる。あるいは、文化によって変形させられた自然のなかで生きる。人間も身体はほぼ自然であり、自然と頭（文化）で折り合いをつけて生きている。

つまり、人間は水谷さんのいうような「花の種」ではありえない。文化のなかで思考するからである。文化（「作為」、人工、不自然）に統制された自然である。観念だけで生きることはできない。だから、みんな病気や死を恐れている。文化によって何とか健康に、何とか長生きしようとしている。文化によって人間の自然を何とかコントロールしようとしている。あるいは、文化によって自分の自然を壊してしまうことを恐れている。

考えてみればわかるように、子ども（ひと）が勉強に向かうのは自然ではありえない。よく子ども（ひと）は本来的に勉強を好む、勉強をしないとすれば、教育の体制や学校や教師の教え方が悪いせいだという人がいる。こういう方々は一八世紀の啓蒙哲学者のように、キリスト教の影響を受けて、人間は「神」にそのすがたを似せて「創られた」のだから、動物のなかで一番高級な存在だと信じているのであろう。

しかし、一八世紀の哲学者も「神」を根拠にして世界や人間を語ることはできなくなった。この場合も、どうして子ども（ひと）は本来的に勉強を好むのか、「神」を抜いて証明しなくてはなるまい。いままでのところ、誰もこの「事実」を証明しえていない。勉強（教育）はまず外部から子ども（ひと）に強いられるのである。多くの学者・研究者がたいてい躓《つまず》くように、子ども（ひと）は自ら学ぶ主体として最初から「そこに居る」わけではないのだ。学ぶ主体にさせるためには教育が必要だ。

子ども（ひと）にとって彼を近代人にさせるべき教育的環境は、たとえばこのように現れてくる。子どもの身体（自然）は生まれたときからずっと人為（文化）的に作られている。親は赤ん坊の好きにはさせない。熱いものや尖った危険なものに赤ん坊が手を伸ばしたり、口に入れようとしたら親（おとな）はわけもいわずに（いってもわからないが）暴力的にそれを制止する。物心がつくぐらいまでは、このように教育は理屈抜きで強制的になされるのがふつうであろう。子どもがまだ「自然」に近い状態で、人間社会の約束事（ルール、マナー）を身につけていないからである。

人間の生き方は本能ではなく、文化（創られたもの）である。こういう養育における一方的な教育をふつう「躾」といっている。「躾」は子どもの同意を必要としない。

子どもは花木とは違う。たとえば、赤ん坊は直立したくないのかもしれないが、しばらくハイハイをしたら二足で立つように躾けられる。赤ん坊の自然的な動きはいちいち規制される。手で直接食べれば楽なのに、スプーンや箸を使わせられる。子どものありのままの身体性などまったく尊重されない。ひたすら、人間の文化的（人為的）生活に合うように躾けられ、矯正される。赤ん坊の自然性は日々抑圧されて文化的な身体が創られていく。ひとは文化性と自然性のはざまに宙吊りになっている。それが完成される段階が学校教育である。

学校教育の二面性

学校には言葉で説明できる要素（合理的な要素）と、言葉では説明できない要素（不合理な要素）がある。「学校は知識を学ぶところ」と一面規定する人たちは、ひとや学校の自然性、身体性や無意識などを計算に入れていない。だが、教育は知識と頭脳だけのやりとりではない。子ども（生徒）たちは頭だけで学ぶのではなく、心でも身体でも学んでいる。教室や生活や仲間からも学んでいる。こういう教育力は数値化されないから確かめられない。合理的な見方では見えないから、ないものとされてしまう。

ひとの身体性や無意識が言葉（意識）で語りえないように、学校や教育の身体性や無意識もまた言葉（近代の理念）で説明できない。学校や教育には言葉化されない、言葉化されると近代の正統の理念からは肯定されない習慣や身体性がたくさんある。

教育は近代の合理主義だけでは割り切れないものなのである。それはもちろん人間そのものが合理だけでは割り切れないものであることと重なり合う。世界は合理ではできていない。世界は合理と不合理でできている。

世界の人口の八割ぐらいの人が一神教（絶対神）を信じている。西欧は人間の啓蒙を重視し、科学技術もどんどん進んでいるが、いっこうにキリスト教の影響力は衰えない。教育学者たちが教育関係における上下性、権威性、強制性を消去する理論をどんなに創りだそうと、教育の根底にある上下関係はなくならない。

「教育に強制は馴染まない」と日本の識者たちはすぐに口にするが、ヨーロッパの教師たちはそんなことは口にしないのではなかろうか。逆に、強制性を持たない教育はありえないからである。対等な人間と人間とが出会って、そこに教育関係が成立するはずがない。対等な者同士は争う。知的・権威的・社会的上下関係があるから、教育関係が成立する。垂直的な関係だから教師と生徒の関係が成立する。研究者も教育行政担当者たちもその事実を公然とは認めようとしない。私たちが理解している人権に反するからである。教育の論理より人権の論理の方が大事なのである。

考えてみれば誰にもわかるように、素直に世の中を眺めれば、子どもたちが学校へ行かなくてはならないのも強制であり、勉強しなければならないのも強制である。子どもは必ず世界（社会）に途中乗車してくる。その始まりやルールの決定に立ち会ったわけではない。にもかかわらず、社会の文化や法やルールに従わなければならない。これも強制である。

学校へ行けば教師が居るが、これも子どもが選んだわけではない。教えられる内容とレベルは決まっている。これも強制である。学者・研究者たちはこういう事実を認識していないから、そういう教育の強制にかんするさまざまな事柄が、人間の本質に即してけっして強制ではありえないことを何十年もかけて論証しようとしている。それが人間を一番高等な動物とする近代啓蒙思想の焼き直しにすぎないことにほとんど気がついていない。「教育は強制から始まる」というと右派の思想だとレッテルを貼る。

教育の建前と真実

文化（教育）は生命体としての人間には不合理である。人間の進化は不自然（文化的）な動物に自分たちを形成したことである。教育は「作為」的に自然生命体としての人間を文化生命体としての人間に変容させようとする。教育はもともと個体にあった能力や資質や可能性を成長させようとする営みではありえない。自然的な生命体を文化的生命体に変えようとする大変革なのである。

ひとが社会的に生きるということ、また、自己の個性や独自性を求め、自己実現しようということとは、近代や文化に背を向けて独自の「私」を生きることではない。まず、社会と自分の折り合いをつけなければならない。ひとは近代的個人としてのあり方をできるようになって初めて、自らの内的な固有性（私そのものの独自性）を生き延びさせることができる。そういう可能性の土台を創るのが学校教育であり、それはむしろ近代社会が成立するための文化的統一性を打ち立てるものであり、個々の人生の独自性は教育というよりは、教育されるレベルを超えて、社会的に自立しながら自らの生の発現として追い求めていくものなのである。学校がすべてを決めるのではない。

文化（教育）は花がきれいに咲くように伝わっていくものではなく、子ども（ひと）をその論理や生き方やルールのなかに強引に巻き込むものなのである。一般にリベラルな人たちは子ども（ひと）が育っていく過程で社会的に構成されていく事実をあまり語らない。近代は強制のないひと（子ども）にやさしい社会だとでも思っているのであろうか。主体や学ぶ子どもがすでに「そこに居る」ことから話を始める。もし、そうだとすれば世の教師の苦労の八割は消失するだろう。そこでは、教師は尊敬を必要としない。

だが、広い意味での教育を受けずして近代的個人がそこに登場してくるはずはない。学びに向かう者は向かうための教育（他者からの働きかけ）をすでに受けている。他者を真似ようとする。個人は教育によって登場するのである。

学者・研究者たちの多くはすでに個人が「そこに居る」ことから出発する。個人以前の子どものありようを無視している。まだひと（個人）になる以前の土台を形成する教育を語ろうとしない。そういう識者たちにはひとがひとになっていく困難やひとがひとを教える苦労の実感はない。教育、つまり、子どもが近代的個人になるには本質的にかなりの困難が内包されていることの認識がない。

教育の基本と考えられている文化の伝達は、文化や生活の仕方が抵抗なく言葉を通してなごやかに伝えられていくプロセスではない。与えられた文化を受け容れて自らそれを生き、文化や社会を維持・発展させる能力を身につけた近代的個人を創っていくことなのである。

教育の出発点

ここから、裕福なアメリカの家庭に育ちながら「見えず」「聞こえず」「話せず」という三重苦を幼児時代に背負って、文化や教育から最も遠い野生ともいえる生き方をしていた少女が、ある卓越した教師の指導（強制）によっていかにして文化（教育）に組み入れられていったかというプロセスを辿る。そして、文化（教育）の世界に入ることがいかに困難をともなうかの典型を見てみたい。みなさんすでにご承知のように私はヘレン・ケラー女史の教育について語ろうとしているのである。

私が小学校低学年（昭和二〇年代前半）のときに、アメリカから社会福祉事業家のヘレン・ケラー女史とその師であるアン・サリヴァン先生が来日したことをよく記憶している。よく「三重苦の聖人」という言葉を聞かされたが、もちろん「見えず」「聞こえず」「話せず」で社会事業や学問に大きな成果を挙げていると聞かされてもまったく理解できなかった。読者のみなさんは演劇でもよく採り上げられる『奇跡の人』で、少女時代の野生から文化（教育）の世界にまさに奇跡的に「成長」していくイメージは創りやすいと思う。私は映画『奇跡の人』がとても衝撃的だった（アーサー・ペン監督、ヘレン＝パティ・デューク、サリヴァン先生＝アン・バンクロフト、一九六二）。

野生の少女ヘレンが家庭教師サリヴァン先生の指導によって、野生児から文明人に成長していく過程は、ゆるやかに長い時間をかけて子どもが近代的個人になっていくプロセスを非常に短い時間で強引に展開したものである。この二人の展開は近代の教育の物語として教育学界では価値が確定している。幼児のときの熱病によって「見えず」「聞こえず」「話せず」の状態で思春期を迎えつつあったヘレンを、サリヴァン先生は近代的個人に育て上げたばかりではなく、ラドクリフ女子大学（現ハーヴァード大学）を卒業させ、有数の社会事業家に成長させたという教育物語である。

ヘレンはまったくの野生児であり、自分の感じているものが彼女の全世界である。ヘレンは「見えず」「聞こえず」「話せず」の状態でアメリカ南部の裕福な家庭で放任されて育てられている。文明から見れば野生そのものであり、気に入らないことがあれば泣き叫ぶしかない。すべての医者から見放されて、最後の望みとして家庭教師のサリヴァン先生が雇われる。

ヘレンにとって触覚や味覚、臭覚が外部との接点であり、ただ生命体としての身体感覚で生きている。自分が感覚できる範囲がすべてであり、自己と世界（外部）とは分離していない。食事もテーブルのまわりを手探りで動きまわって、父や母や兄のものでも何でも手でつかんで食べる。家族は何もできないで、容認している。

子ども（ひと）が近代的（社会的）な個人になっていくためには、個体の思うとおりにならない厳然たる外部が構築されなければならない。子どもの手が届かない、思うとおりにならない外部が構築（意識）されれば、その対極として内部（内面）が確保されてくる。それが自我だといわれている。

ヘレンには内部と外部の区別ができていない。外部が決定的に欠けているからである。ヘレンの外部はヘレンの感覚や知覚の外延をなしているにすぎない。外部はヘレンの内部にあり、ヘレンに対立していない。ヘレンを精神的に抑圧しないかぎり、思うとおりにならない外部に対面しないかぎり、内面は生じない。ひとの個体は花が咲くように社会的な個人には移行しない。近代的な個人を形成する教育では彼女（彼）を外部にある文化や生活やルールの世界に引き入れなければならない。

サリヴァン先生はヘレンを家族とは別の棟に隔離し、まず、ものの食べ方から始める。

映画『奇跡の人』では、サリヴァン先生はヘレンにおやつの菓子を食べる際に、テーブルにつくこと、ナプキンをすること、スプーンで食べることを強制する。ヘレンはそのような無意味な西欧的文化を認めようとしない。ヘレンがスプーンでお菓子を食べるようになるまで、数十分にわたって二人は無言の壮絶な格闘をする。ヘレンがスプーンを放り投げる。サリヴァン先生がお菓子を取り上げる。ヘレンが暴れだす。力ずくで取りおさえて、テーブルにつかせる。皿にお菓子をのせ、ヘレンにスプーンを持たせる。ヘレンがスプーンを放り投げて暴れだす。これが何十回も繰り返される。この場面の撮影では四〇脚のマホガニー製の椅子が壊れたと記録にある。

テーブルにつき、ナプキンをつけて、スプーンでお菓子（映画では干菓子だった）を食べることは文化である。不合理で不自然である。不合理で不自然であっても譲れない型（スタイル）があることが文化の本質である。文化とはそれに属していない個体には余分なものである。

ヘレンにとってそこにある菓子を手でつかんで口元へ持ってくるのが一番自然であり、かつ、合理的である。ヘレンは手で触って食べられるものを食べてきた。そういう生活様式を変えられることは、ヘレンのアイデンティティ（自己同一性）を破壊する。ヘレンそのものを否定することであり、ヘレンに対する敵対である。まったく理由がわからないし、納得できない。ヘレンにとって自分の食べ方がすべてであり、ヘレンそのものである。ほかの人の食べ方も見たことがない。そう確信している自己のあり方が外部から一方的に暴力で奪われようとしている。生まれて初めてヘレンにとって敵対的な外部が登場したのである。彼女は言葉にならない呻き声をあげ、全力で抵抗する。

サリヴァン先生にはそういう不合理な文化（外部）を受け入れさせることによって、ひと（個人）はひと（個人）になるという西欧文化の確信があったのであろう。ここが啓蒙としての教育の出発点であると。そして、ヘレンは最終的に屈服させられる。

拘束されるその先に

無言による執拗なお菓子の食べ方の強制が繰り返され、とうとうヘレンは疲れ切ってしまう。体力のある中年の健常な女性が、盲聾《もうろう》のいたいけな少女を暴力によって屈服させたのである。言葉は通じないから、一方的に身体の動きを規制し、従わせた。ヘレンは生まれて初めて思うとおりにならない外部を認めざるをえなくなった。それまでのヘレンの内面の外延上の外部ではない、理解できない意味と強制をともなった象徴的な外部があるということを、サリヴァン先生の教育的執念によって骨身にしみて了解させられたのである。外部を認知し、さまざまな意味の異なる構造的なものとして受け取ることによって、ヘレンの内面も新たに構造的に構成されざるをえない。

テーブルについてスプーンでお菓子を食べる、そういう不合理で不自然な文化的身ぶりがヘレンの内面の変革を予感させる。ヘレンは生まれて初めて変わらざるをえない予感に打ち震えている。文化は私たちを拘束し、私たちを感動と未知の世界へと連れていく。

サリヴァン先生は変わり始めたヘレンを家族に見てもらおうとして、一緒にお茶の席につく。ヘレンの野生に対する文化（教育）の勝利をみんなに見てもらいたかったのである。ヘレンはすこぶるしおらしくふるまっている。父、母、兄はみんなヘレンの変貌ぶりに驚き、心から喜んでいる。

だが、その席でヘレンはナプキンをうしろへ放る。何げない仕草でポンと放る。まだ変わりたくないのである。感覚のままで生きたいのである。家族を味方につけようとする。サリヴァン先生はヘレンの真意を見破る。力ずくでまた西洋的な行儀を押しつけようとする。ヘレンはまた暴れだす。父と母は改善されたのだから、ナプキンぐらいはつけなくても認めるべきだと主張する。しかし、サリヴァン先生は受け容れない。これはヘレンからの文化や教育されることへの本質的な挑戦なのである。サリヴァン先生は強制的にナプキンをつけさせようとする。ヘレンが抵抗して、今度は家族の目の前で力ずくの修羅場が展開される。ヘレンは再び屈服させられる。

今度は乱れたテーブルなどの片づけをやらせられる。ヘレンは彼女のまったく与《あずか》り知らぬ外部のルールに従わなければならない。外部のルールに合わせることによって、単純だったヘレンの内面が複雑に構成され直される。自己を外から見る視点が入ってくる。ヘレンの自己がヘレンの認識の対象になってくる。

この混乱と屈服と動揺のさなかに、ヘレンは戸外の井戸で水を汲ませられる。ヘレンはその冷たいものが指文字でWATERと教えられていたものであり、また、発病前ウオーラー（水）と呼んでいたものと同じものであることに突然気づく。そのとたんに、指文字でパパやママと教えられていたものが、父や母を指していることに気づき、サリヴァン先生の手のひらにパパやママを指文字で書いて、父や母を識別して両親と心から抱き合うのである（実際にはここに到達するまでに二週間の時間が必要だったという）。

そのときの感動をヘレンはこう書いている（『ヘレン・ケラー自伝』ぶどう社、一九八二）。

〈井戸を離れたときの私は、学びたいという一心でした。すべての物が名前を得、その名前の一つひとつが新しい考えを生んだのです。家に入ると、手に触れるものすべてが生命にわなないているように思えました。いまはあらゆるものを、新しく訪れたはじめての光の下で見るようになったからです〉

文化を根源で支えている暴力

文化（生活作法）は力ずくでも伝達しなければならない。教育は学習の前に生活から始まる。サリヴァン先生は教育関係の初発が権威者による文化の押しつけであることを承知していて、文字どおり暴力でお菓子を食べる文化作法を押しつける。ヘレンが健常な子どもの対極の暗闇を生きているからである。健常な子どもなら十数年かけて徐々に身につけていくことを、数時間で「解決」しなければならなかった。

したがって、文化（教育）を根源で支えている暴力（強制）を直接発動しなければならなかった。そうしなければ「教える―学ぶ」関係が成立しないからである。ヘレンに教師と生徒の上下関係を認めさせるためにやったのである。教育は上下関係のないところに成立しない。サリヴァン先生は子どもが一人前になっていく時間を凝縮させて、子どもの生育過程（教育）をコントロールしている強制（暴力）を瞬間的に爆発させたのである。体罰の構造と同じである。体罰は法律で禁止されているが、けっしてなくならない理由がここにある。もちろん、これは事実を述べているだけで、体罰肯定論ではないことはいうまでもない。

ここでサリヴァン先生によるヘレン・ケラーの文化的変身を述べたのは、教育は強制から始まる事実を述べたかったからである。文化は子どもに押しつけられるが、それを受け容れることができれば、個体が個人になり、さらに自己の生《ライフ》を豊かに創造していくことができる。本書のテーマが「尊敬されない教師」だからといって、サリヴァン先生のように真に尊敬に値する教師が居るのだといいたいわけではない。ましてや、サリヴァン先生のような人がすべての教師の理想であるとか、みんなが「尊敬される教師」を目指すべきだといっているわけではない。そんなことはありえない。

サリヴァン先生は強固な意志を持つ教育者ではあるが、三重苦の少女がヘレンでなかったら、彼女の苦労は報われなかったかもしれない。私はすべての子どもには無限の可能性があるとする日本でよく語られる教育的信仰に賛同しない。子どもにはそれぞれの可能性がある。また、優秀な教師が居て、いつでもどこでも子ども（生徒）を自立させることができるという都市伝説も支持しない。ヘレンにサリヴァン先生の暴力的な「指導」に応えうる知的能力と向上心がなかったら、サリヴァン先生の試みは失敗したに違いない。

この教育的実験はある普遍性を持つが、同時に、ひとつの偶然性でもある。サリヴァン先生がこのあと別の「ヘレン」の指導をしていたら、うまくいったとは限らない。稀有な実践とはそういうものである。この実践の成功はサリヴァン先生の優秀さの側にあるのではなく、二人の中間にあったのである。教師が生徒に何らかの成果に値するような実践をなしうるとすれば、生徒に応えるちからがあったからである。

「教師と生徒」≠「師と弟子」

もうひとつ考慮しなければならない点は、ヘレンとサリヴァン先生の関係は一対一の「師と弟子」の関係であり、学校の「(たくさん居るなかの一人の)教師と生徒」ではないことである。この教育関係はヘレンの両親がヘレンの希望も聞かずに設定したまさに強制そのものの逃げることのできないものであった。私たちがイメージする公教育の学校の「教師と生徒」の関係とは質の違うものである。

学校では生徒はその教師が嫌になれば顔を背けることができる。しかし、ヘレンはこの「学校」を辞めることはできないし、もうひとつ大事なことは「師と弟子」は「教師と生徒」の関係を煮つめたいわば理想の教育関係ではないということである。そのことは武道や茶道などのさまざまな「道」における「師と弟子」と学校の「教師と生徒」の関係を比べてみれば一目瞭然であろう。

世の中には「教師と生徒」の関係の理想的な形が「師と弟子」だと勘違いしている人が多い。多くの教師論も、表現していなくても「師と弟子」が究極の「教師と生徒」の完成体だと思っている。もちろん、「教師と生徒」のつながりのなかから「師と弟子」的な関係がたまに発生しないわけではないが、それはごく例外である。「道」はその武術や芸術の「道」（本質）を究めることに目的があるのに対し、私たちのいう教育は近代社会にふさわしい知的諸力や技能やルールやマナーを身につけた社会的個人を育成することにある。すべての子ども（生徒）にそれを求めている。本人が望んでいようといまいと関係ない。「師と弟子」はむしろ閉鎖的だが、「教師と生徒」は開放的なものである。弟子も師を越えて去っていくということがあるが、生徒たちはみんな先生から離れて別のところへ行く。

「神」不在の個人

近代学校は近代的な人間（個人）を創るところである。近代的な個人は西欧のキリスト教文明の流れのなかで西欧近代が創り上げた人間像である。「神」（完璧）を抜きにしては語れない。ここが私たちのよくわからないところである。個人という意識も「絶対神」に帰依し、「絶対神」（絶対、普遍、超越的なるもの）に対面させられるなかで「全体」に対する（帰属する）一（ひとつ）として形成されてきたと考えられている。

つまり、近代の理念では個があって、それが集まって全体になると考えられているが、もともとは「全体」（絶対、普遍、超越）を象徴する「神」に従う一個の人間という考え方であった。「神」が存在して、「個」が発生したという考え方である。

やがて、ルネッサンスや市民革命を通じて西欧で近代が発生すると、「神」は不在になり、「神」の絶対性を抜いて社会や人間を説明しなければならなくなった。「神」の代わりに思考し、社会を維持し、世界を構成する者として人間が登場するようになったのである。だから、私たちが人間（ひと）というとき、意識していなくても、「神」に代わるものとして世界を構築していくちからを持ったもの（主体）と考えている。

私たちは明治の近代化（ヨーロッパ化）、敗戦後の民主化（アメリカ化）を通じて、西欧文明の創り上げた「神」に代わる主体的な人間像を受け容れてきた。そのせいか、英語のインディヴィデュアルは「個人」だが、私たちは「近代的個人」といいならわしている。

「近代的」とは西欧的という意味であろう。江戸時代のひとととはかなり意味しているものが違う。そして、私たちには近代的人間（個人）の生成にまつわる「神」の存在（絶対的な影響力）の記憶がないので、西欧の人間観や政治観を普遍的に「正しい」ものと考えがちである。人間は一《ひとつ》（かけら）で未完成なものだという認知に欠けている。つまり、「絶対神」が創造したという前提が欠落している。「神」（絶対的なもの）を畏れていない。

したがって、近代的個人というときも、民主主義というときも、「神」の支配の絶対性のイメージがないので、それが「不充分なもの」「不確定なもの」「生成過程のもの」というニュアンスが消えてしまい、あたかも近代的個人も民主主義もそれ自体で完成された形ですでに在ると思いがちである。だから、教育でいうと、日本では「まだ、真の近代的個人が確立していない」、政治でいうと「日本ではまだ真の民主主義が根づいていない」などとよくいわれる。

「孤立」の進行

私たち戦後の教員はいうなれば西欧的な自立した近代的な個人（市民）の育成を目指してきた。これは戦前の臣民教育や戦争に加担する教育の反対物であるとみんなにイメージされてきた。近代的な個人の育成は容易ではない。ただ身体的に育てればいいものではない。

『教育基本法』の「教育の目的」を参照すると、〈教育は、人格の完成を目指し、平和で民主的な国家及び社会の形成者として必要な資質を備えた心身ともに健康な国民の育成を期して行われなければならない〉とある。完全に西欧の思想である。つまり、教育が育成すべき人間は「ただの人」であればいいわけではない。最初の〈人格の完成を目指し〉はものすごく大変なことであるし、ほとんど不可能なことである。

私は〈人格の完成〉した人物に会ったことはないし、幾多の書物や歴史にも〈人格の完成〉した人は出てこない（美談化した偉人は出てくるが）。おそらく、カント学者が戦後これを書いたと思われるが、これは完璧な人格を持った人間を指しているわけで、結局は「神」をイメージしている。私は〈人格の完成を目指し〉に反対していっているわけではない。絶対目標は近代的個人に必要である。到達できない絶対目標を負わされていることに、キリスト教の文化・精神を読み取っているのである。

もちろん、〈平和で民主的な国家及び社会の形成者として必要な資質を備えた心身ともに健康な国民の育成〉もかなり困難なことである。これも私はむずかしいといっているのではなく、近代的個人のあり方がそもそも当人にかなりの努力と覚悟を要するといいたいのであり、かつ、その教育を担う学校や教師にはかなりの権限が必要とされると考えている。

子どもは自然に近代的な個人になっていくのではない。家庭・コミュニティ・学校の三層の教育の場を生き抜いていくことによって、やっと近代的な個人の資質の一端に手をかけるのだといいたいのである。その先は市民社会、国家社会参画者として、さらに自己教育して近代的な個人を完成させようとしなければならない。おとなになって一人前になったら「完成する」といったレベルの話ではない。

私たちは明治以来、さらには戦後以来、盲目的に西欧的な近代的な個人を目指してきた。明治の近代化も戦後の民主化も西欧文明（近代思想）に対する盲目的な信頼なしに成しえなかった。その努力が西欧世界以外で最初の近代社会（近代国家）を成立させる底力となった。そして敗戦による国土壊滅を経ながらも戦後の復興を成し遂げ、一九六〇（昭和三五）年頃には西ヨーロッパ並の近代に到達することができた。

キリスト教文明の西欧人の自我とはおそらくかなり質を異にすると思われるが、近代的自我を身につけた個人（市民）というモデルもごく自然に受け容れられた。「空気」を読んで生活していくといわれる共同体的体質からどんどん個人（で生きるという考え）が自立していく。

とりわけ、「消費社会」に突入する一九七〇年代後半からは個人の自立（経済的利益主体の確立）、すなわち「孤立」が進んでいく。親や友達や教師などに依存してきた部分が内面化され、すべてを「自分」で判断すべきである、すべてを「自分」で判断しなければならないという「個人主義」が子ども・生徒たちに浸透していく。誤解のないようにつけ加えれば、私は個人主義を嫌っているわけではない。「神」の支配（個人の卑小さ）の記憶を持たない個人主義は歯止めが効かず、危険だと考えているだけである。個人が個人に依拠して生きることは原理的に困難である。共同体から離れた（影響を受けない）個人《ひと》はありえないし、私たちの自我自体も自ら創るものではなく、他者の欲望を映し取ることによって構成される。個人は価値の拠り所にはならない。

孤人の誕生

つまり、孤立した個人はありえない。先にも触れたが、現在にまで続いている教育不全、学校不全のほとんどは一九八〇（昭和五五）年前後から始まった。それは一九七〇年代後半に突入したとされる「消費社会」化という社会構造の転換が人々の意識に反映され、家族意識や生活意識や教育意識を大幅に変換した結果である。市民社会が成熟して、共同体的なつながりがちからを失い始め、子どもたちは個人として自立せざるをえなくなった。家族からも学校からも距離を置くようになった。それは何でも他人《ひと》に頼らずに自己決定しなければならないとする「孤人」を生み出した。

センシティヴな（神経過敏な）子どもたちは学校忌避・教育忌避に動き始めた。八〇年前後の中学生たちの対教師暴力（当時は校内暴力と呼ばれた）はその直接的表現である。子どもたちが学校へ来ない不登校（当時は登校拒否と呼ばれた）はもっと前から始まっていた。高校中退の増加もしかりである。不登校と密接に結びついているひきこもり、そして、ひきこもりと関連性の強い家庭内暴力も八〇年代に盛んに報道されるようになった。家庭内暴力は親殺しや子殺しにつながることもあった。ひきこもりは四〇代、五〇代になっても続いているといわれる。

正直いって多くの教師たちは親の教育のせいだろうと考えた。子どもはもう個性を所有して学校へ入って来る。昔の子どもとは違う。それに、学校は何十年経ってもそんなに体質は変わらない。学校より家族、マスコミの影響の方が強い。しかし、家庭、家族、親の責任にすることはジャーナリズムにとってタブーである。結局、すべて学校のせい、それも理解しやすい管理教育なるもののせいにされたのである。公的機関だから批判しやすいこともあるし、教師・教育業界は反論しない。

私は大分経ってこれらの教育不全・学校不全を引き起こす子ども（生徒）たちの学校忌避・教育忌避は、近代的な人間（個人）の忌避から生じているのではないかと気がついた。

近代が要求する人間であることは結構きつい。みんな働かなければならないこともそのひとつだ。学校は近代人、近代的な生活への直接の入口である。学校では「時間どおりに動かなければならない」、「近代の知識や技能やルールやマナーを身につけなければならない」、「教師の指導に従わなければならない」、そして、「友達と集団生活をしなければならない」。八〇年代までは教師としては気がつかなかったが、永遠に自由を求める個人にとってはかなりきつい規制力であり環境である。一定の層の子どもたちが道草を食いたくなったのだ。

その事実に気がつかないから、ジャーナリズムはいまでは不登校というと「いじめがあるから」と短絡して捉えがちである。いじめも大変であろう。それ以上に毎日学校に行って勉強し、時間で動き、ルールを守り、集団のなかで生活することの方がずっと耐えられないかもしれない。個人が自立して個人に閉じこもる人たちが出てきたのだ。努力、勤勉、協調、学習、労働は近代的人間に欠かせない。こういう近代社会を構成する人間（近代的個人）に必須的な資質はかなり無理して維持されているとも考えられる。

一人称でしか生きられない個人

私たちは近代人としての共通な資質を一方で持ち、もう一方で固有の内面も持って生活している。学校は主として「近代人としての共通な資質」を身につけさせるところであり、子ども（生徒）の一人ひとりの固有の内面にはできるだけ手を触れないようになっている。そういう教育が先進国のどこでも義務化しているということは、近代的人間（個人）は「固有の内面」だけでは生きられないということであり、すべての人間を「社会化」しよう（しなければならない）というちからが働いているということであろう。「社会化」されることは、自分がいつも好きなように一人称（主語）で生きるのではなく、二人称としても三人称としても扱われることである（自分の思うようにはならない）。

あるひきこもりの若者は「ボクは一人称でなら生きられるが、二人称、三人称として扱われることには耐えられない」と自己の内面を語っている。これを本で読んだ時はうーんと納得してしまった。自分が世界の中心に居るのならいいが、動かされたり、使われたりするのには我慢できないのだ。自己の思うとおりに生きたいのだ。つまり、社会性の欠如なのである。社会性と近代性はほぼ同じである。つまり、近代的な個人が求められるあり方を忌避している。

近代的な個人のあり方とは「社会（他人《ひと》、まわり）から見た私のすがた」と「この私がそう思っている私のあり方」とが異なることを知っており、異なることに耐えるちからを所有していることであろう。ほかの他人《ひと》からは「私の内面」は見えない。ほかの他人《ひと》からは「社会から見た私のすがた」しか見えない。だから、「そう見えている」ように扱われる。「見えているもの」が本体だと思われる。それが二人称（あなた）として見られている「私」であり、三人称（彼、彼女）として見られている「私」である。それは必ず「この私がそう思っている私のあり方」（一人称としての私）とは異なっている。

これがもし一致したらキリスト教の「神」のような存在であり、仏教だったら解脱《げだつ》の境地とでもいうのだろうか。まあ、ふつうの私たちにはとうてい不可能なことである。

だから、自我を持つ近代人は必ず引き裂かれている。二つの「自分」を持っている。その事実をまず知り、覚悟することが大切である。自己をひとつに固めてしまってはいけない。よくいわれる親友というのは、「この私がそう思っている私のあり方」を他人なのに「私」が思っているすがたに近い形で理解してくれる人なのであろう。私は「社会から見た私のすがた」を「社会的な個人」、「この私がそう思っている私のあり方」を「内的な自己」と呼んで区別している。

社会的な個人＋内的な自己

それはともかく、近代人の本体は「社会的な個人」と「内的な自己」でできあがっている。

「社会的な個人」には「近代的個人はかくあるべき」という価値基準が含まれている。近代の理性的、合理的な人間のありようから距離が測られて「私」が表示されている。もちろん、学校で子ども（生徒）が教育・訓練されるのは「社会的な個人」の要素（側面）である。これは当然「内的な自己」からは違和感がある。「内的な自己」は「自分がそう思っている自分」だから、ほとんど社会やまわりとは関係ない「私そのもの」である。仮に、「内的な自己」だけで生きていけるとしたら、「自分は自分」だから何ら迷いも不安定さも感じることなく生きていけることになる。動物が本能で生きているのに近い。但し、動物は人間のように「自己」と戦う必要はないが、敵や環境と戦いながら生きることになる。

つまり、学校で教育・訓練することは「内的な自己」だけでは生きられないこと、「内的な自己」は「社会的な個人」で武装されなければ近代社会では生きていけないことを教えることである。ある意味で子ども（生徒）を不安定にすること、自己懐疑を持たせることなのである。教育を受けて一人前の社会人になったら、自我も確立し、安定した生活を送れるなどという教育的俗説にはまったく根拠がない。

私たち近代人は「内的な自己」にとっての強敵、「内的な自己」を脅かす「社会的な個人」を構成要素としている。だから、不登校になったり、ひきこもったりして「内的な自己」に閉じ込もろうとしても「私」はけっして安定できない。人間は「内的な自己」だけではなく、近代的個人＝「社会的な個人」＋「内的な自己」という方程式を生きざるをえないからである。

それに厄介なことに、「内的な自己」は、自己の主観で構成されているが、実は「社会的な個人」、つまり、「社会から見た私のすがた」も誰にでもわかる客観的な「正しい」すがたをしているのではない。それを意識している「私」の主観によって構成されていることである。キリスト教的にいえば、誰にでもわかる客観的な「正しい」すがたは、「神」

にしかご覧になれない。

つまり、「私」の「正しいすがた」や「あるべきすがた」はもちろんのこと、「私」の「いまあるすがた（いまあるありよう）」もまた「私」には客観的にはわからない。だから、「社会的な個人」は「私」に対する他人《ひと》や外部の評価、位置づけを取り入れて「自分は客観的にどういうあり方をしているか」を知ろうとするのである。その点では、いじめもまわりの人たちが自己をどのように見ているかが判断できるから、自己の社会的なありようを知る手がかりとなりうる。

自己と個人のバランス

「社会的な個人」の側面の弱い人は生きにくいことはいうまでもない。近代社会において「外部に表示した私」は比較や競争に巻き込まれるからである。比較や競争は近代の本質を成しており、近代社会のエネルギー源でもある。

「社会的な個人」はさまざまな要素に分けて比較することができる。学校の成績や会社での実績などもそれに当たる。企業と企業、国と国も競争をしている。ことによると「社会的な個人」は人と人とを比較する基準のありようとして構想されたものかもしれない。

「社会的な個人」は能力、体力、指導力、協調力、生産力などあらゆる基準で比較できる。もちろん、世の中には比較や競争が嫌いな人もいる。そういう人たちは「社会的な個人」から離れて「内的な自己」に閉じ込もることが多いかもしれないし、ずっと閉じ込もればひきこもりということになる。

というのは、「社会的な個人」とは異なり、「内的な自己」は己れ固有の「私」という感覚ないし意識だから、ほかの誰とも、何とも比較できないからである。「社会的な個人」には隣人が居ることが前提とされているが、「内的な自己」には隣人が居ないとある哲学者はいっている。

私たちは「内的な自己」と「社会的な個人」のあいだを行ったり来たりして生活している。あるいは、「内的な自己」のまわりを「社会的な個人」でガード（保護）して生活している。

いずれにしても、「私」本体の確信の核は「内的な自己」にある。「内的な自己」を守るために、近代になって「社会的な個人」が構成されたのであろう。ヨーロッパ中世では「神」（カソリック教会）が精神のすべてを取り仕切っていたために、少なくとも庶民は「自己の内面」と「神」への信仰だけで生きられたのであろう。「内的な自己」は自己のありのままである。「私は私である」という内的確信に支えられている。「社会的な個人」は、「私」を近代的、社会的に変容させなければ現れてこない。学校へ行かなければならないし、勉強して知らないことを知ったり、近代的な「知」や技能を受け容れられるように自己を変えていかなければならない。こう考えてくると、多くの人々が近代社会に適応できる「近代的な個人」になっていることの方が奇跡のように見えてくる。日本のようにほとんどの子どもが学校へ通い、近代を身につけようとしていること自体が不思議に思えてくるのである。

コミュニケーションの本質

「社会的な個人」はほかの人たちとのやりとりや集団や社会のなかで生きるときに登場してくる。社会的に現れてくる個人はたとえ「社会的な個人」として未成熟であっても、いっぱしの「社会的な個人」と見なされる。人間にはいろいろな人が居るから、「社会的な個人」が未開発でほぼ「内的な自己」に近いところで生きている人もいよう。

私がたくさん会った教員のなかにも、まわりの教員のおかげ、つきあってくれる生徒のおかげで何とか教員の格好を取れている人もいた。そういう人に限って「社会的な個人」

の要素が薄いので、自分はきちんとした教員だと思い込んで大きな顔をしているものである。そういう生き方もある。

「やりたいことをしてしまう」「人をいじめてしまう」「人を殺したいから殺してしまう」人がいる。悪の衝動はみんな持っている。それを抑えているのは理性や良心や思いやりや同情心であり、そういうものを体現しているのが「社会的な個人」と考えられよう。人間の良心とよくいうが、良心は人間にもともと在るものではなく創られるものである。つまり、「社会的な個人」に内属している。「内的な自己」は意識や良心では抑えられない衝動を内包している。

私たちは何ごとかを人に表現するとき、自分の「思っていること」をそのままいったりしない。自分が「いおうとしていること」について相手がどういう利害関係にあり、どういう見解を持っているか、また、相手にどれだけ理解力があるかをとっさに判断して喋っている。それが「社会的な個人」の位置である。

ときどき、言葉は喋っていて、ちゃんとした日本語になっているのだが、生徒には何を喋っているかわからない教師が居る。自分がただ「思っていること」「いおうとしていること」を喋っているからである。教師は生徒にわかる言葉で喋らなければならない。喋っている相手（生徒）がその喋りの相手、つまり二人称ではなく、「自分」に向かって喋っているのである。「社会的な個人」がきちんと鍛えられていないのだ。コミュニケーションできる喋りとは自分と相手の中間に位置していなければならない。

もっといえば、AさんとBさんが対話しているとしたら、Aさんの頭脳（意識）はAさんの頭上にあり、AさんとBさんの両方の「考えていること」「いっていること」を理解していなければならない。Bさんも同様である。こういう風に考えてくると、「社会的な個人」とはAさんやBさんの頭上にあり、相手の人や社会や世界や歴史や宇宙と交信し合っているA'やB'のことかもしれない。近代的個人の期待値は結構高いのだ。

洗練された社交性

いじめも含めて生徒が問題を起こすと、「生徒の目線に立ってよく話し合って」などとよくいわれる。対話（コミュニケーション）の困難さがわかっていない。人間はもともと話し合えば理解し合うことができると勘違いしているのである。たいていの場合、向き合って喋っていても、それぞれがいいたいことをいい合っているだけで、対話に当たるコミュニケーション（相互浸透）は成立していない。

小津安二郎《おづやすじろう》監督の映画の会話はみんなそうで、小津氏は「人間社会はそれでいいのだ」と主張しているように見える。学校の職員会議でも議論が成立するのを見たことがない。私はよく職員会議の議論をまとめる役割をすることが多かったが、それはAさんのいっていること、Bさんのいっていること、管理職がしたいと思っていること、過去の慣例、その場の教職員の気持ちがだいたいわかるので、上っ面をかすめて上手に整理したからにすぎない。教員は「議論」をしてお互いに自己変革することはなかった。これは教員だけの性《さが》ではなかろう。

教師と生徒でも同じである。相互に勘違いして対話が成り立っていると思っている。これは哲学的には問題があるが、社会的には有用、有効なことである。「社会的な個人」同士のやりとりはそんなものである。逆に、本音（「内的な自己」）を表に出してやり合ったら修復のつかない傷を負うことになる。本音を出さないのが洗練された社交性である。

K女子高でこういうことがあった。私が三学年に所属しているとき（秋か冬だった）、職員室にほかのクラスの生徒が入ってきた。担任の一人が（自分のクラスではなかったようだが）「○○、勉強してるか」と気軽に声をかけた。激励するつもりだったのであろう。「こんにちは」とおんなじである。私は受験勉強中の生徒に絶対にこんな声かけはしない。生徒たちはピリピリしているからである。その生徒が元気でちゃんと「社会的な個人」の位置にいれば、何の問題も起こらなかったろう。「ええ、やってます」で終わったろう。これも「こんにちは」である。

ところが、生徒は疲れていて「内的な自己」に近いところに居たらしく、いきなり「センセー、アタシが勉強していないと思ってそういうことをいうんですか」とヒステリーを起こした。私も、受験勉強中の生徒に少し配慮を欠いた声かけだと思ったが、その生徒の予想もしない過剰な反応にはびっくりした。教師の発言を本音と受け取ってしまったらしい。対話はいかにむずかしいか、善意はいかに通じないかのひとつの例である。

「どちらへいらっしゃるんですか」と聞かれて、「ええ、ちょっとそこまで」と答え、「ああ、そうですか。じゃあ、お気をつけて」と応待するのは「社会的な個人」である。ふつう、「ちょっとそこって、どこなんですか」と聞き返したりはしない。「社会的な個人」は相手の「本音」(「内的な自己」)を問いつめたりしない。

私はジャーナリストに取材を受けていて、「いえないこと」「いいたくないこと」は「まあ、そんなもんです」などといって曖昧にして話を次に進めることがよくある。本当に通じるはずはないからである。その先を追及しないのが「社会的な個人」のルールである。

稀《まれ》に「そんなものってどんなものですか」と聞く人が居て困った記憶がある。神経が大分こちらと違うと思った。非常に頭のいい人だったが、「社会的な個人」が未成熟か、わざと軽視しているのであろう。

垂直的な秩序と水平的な秩序

いじめをする子（人）はやはり「社会的な個人」が未成熟なのであろう。「社会的な個人」が成熟しているのにやっているとしたら、相当な悪人だ。そういう生徒はめったに居ない。

いじめが一九八〇年代から悪質になったのは、先生が「尊敬」されなくなったからである。教師の権威が低下したので学校の垂直的な秩序のちからが働かなくなったのだ。教師の秩序的権威が失われれば、子ども（生徒）たちの「社会的な個人」の育成はむずかしくなる。生徒たちが学ぼうとしなくなるからである。生徒が「生徒」ではなく、個人（それも個体に近い）になってくる。

八〇年代からの教育不全、学校不全の現象のなかでいじめだけは昔からあった。いじめは教師の生徒に対する垂直的な権力（指導）性を生徒が真似してやるものだという説を立てる人が九〇年代頃にはよく居たが、いまは誰もそういわなくなった。いまはクラスという閉鎖集団のなかでの生徒同士の位階的な争いからいじめは発生するという考え方が強い。それを「スクールカースト」などと身分制の呼称を使って表現するのが流行っている。

いじめは教師の権威や指導力が衰えたことによって、生徒たちの秩序感覚や順法精神、仲間意識が低下して悪化した。学校は話し合いで成立しているわけではない。恐いもの（権力）が必要なのだ。「あいつが嫌いだ」とか「こいつが気に食わない」という感覚（「内的な自己」）は、「この子が好き」「あの子とつきあいたい」と同様、けっしてなくならない。

「内的な自己」は徹底して我が儘である。みんなが本心から仲よくなることはできない。学校では生徒のこういう対人関係の嗜好性を「あってはならないもの」と撲滅しようとするが無駄である。そんなことができるはずがない。私たちが日常よく経験するように「社会的な個人」によって装われていない裸の自我（「内的な自己」）同士は相争うからである。学校が人間の「内的な自己」に手を出してそれを変えようとしても無駄であり、また、してはいけない。内面を教育しようとするのは共産主義や全体主義の教育がしたことである。

大事なことは「社会的な個人」性を強化して、生徒（子ども）たちの衝動を抑えることである。そのためには、教師が強くなければならない。垂直的な秩序を構成する教師の指導性（権威性）が強められなければならない。教師の指導性を奪っておいて、いじめを防止することはできない。私たちが人の好き嫌いをごく自然に選びとるように、人間の集団には必ず一定の秩序性（自然性）が必要だ。

昔から生徒集団にも独自の秩序性（位階性）はあった。クラス内部の位階性は最近できあがったものではない。生徒集団内部の力関係によって自《おの》ずと秩序が構成されていた。つまり、かつては絶対的な権力であった教師（学校）の縦の垂直的な秩序とともに、生徒間の水平的な関係を整序づける秩序の二つによってクラスは成り立っていた。一九七〇年代ぐらいまでである。もちろん、教師（学校）の垂直的秩序の方が優先的であり、生徒間の力関係は従属的なものであった。したがって、この頃までは被害者の自死につながるような「悪質」ないじめはほとんどなかったと考えてよかろう。あるいは、被害者の「社会的な個人」性が強く、究極まで追いつめられることはあまりなかった。

国家のない自然状態

教師は一九八〇年代に入ると子ども（生徒）をコントロールする権力を喪失した。近代になってヨーロッパで「神」が不在になったように、「教師」は不在となってそこに「教師らしきもの」が鎮座することになった。それが本書でいう「尊敬されない教師」である。「尊敬されない教師」は一人ひとりの弱点や欠陥によるものではなく、全体として「尊敬されなくなった」、敬意を表されなくなった、権威性を喪《うしな》ったのである。

それでなくても、昔から生徒たちは、生徒間の人間関係は教師とは関係のない自主的ないしは自治的なものと思っている。そこにクラス秩序を一元的に秩序づけていた教師の垂直的なちからが消失したのだから、「自然状態」になったようなものである。教師の垂直的秩序が働いていたときには、生徒間の水平的な関係もその影響を受けていた。そのちからは働かなくなった。だから、大枠としての生徒間のルールがなくなったのと同じである。弱肉強食的になった。

東大教授の井上達夫《いのうえたつお》氏は法の支配と民主主義について語っていて、〈国家のない自然状態というものを想定すると、そこでもめごとが生じると、暴力で決着をつけるしかない〉(『文藝春秋SPECIAL』「昭和史大論争」)と述べている。クラスで「教師」が不在になるとは、いわば「法の支配」を欠いた「民主主義」ということになる。「社会契約論」でよく使われる表現だが、ルールのない原初的な人間関係(部族間の関係など)を「自然状態」と呼んでいる。

現在の悪質化したいじめの原因となっているのは、〈国家のない自然状態〉に近い状態にクラスがなっていて、〈暴力で決着をつけるしかない〉レベルが生じているということであろう。すべてのクラスがそうなっているわけではない。教師のちから、生徒集団の質、学校全体の秩序性、学校を支えるコミュニティの安定度などが複雑にからみ合っている。ドライに表現すると、〈法の支配や国家のない自然状態〉では、もめごとは〈暴力で決着をつけるしかない〉ということになる生徒集団には、あらかじめの規制力（教師の指導性）が必要なのである。

もちろん、生徒たちは学校だけで生活しているのではなく、家庭、コミュニティ、社会のなかで生活している。「自然状態」のなかに居るわけではない。ただ、学校が教育の場という特異性を与えられているので、市民社会とは違った秩序、ルールの下にある。そして、学校（教師）そのものの権威性が低下しているので、主として自分たちで秩序を構成しなければならない。彼らは自分たち内部の対話（コミュニケーション）を始める。いじめも対話の一部である。但し、物理的な暴力をともなうこともあるし、精神的な圧迫をともなうこともある。彼らなりの集団の安定のさせ方ともいえる。クラスに誠実で指導力のあるリーダーが居ればいじめは発生しないこともある。

また、子ども（生徒）たちの学校における「社会的な個人」のモデルは教師だから、教師の権威が低下すれば、当然生徒たちの「社会的な個人」も劣化することが考えられる。「尊敬されない教師」も居ないよりは居た方がいい。

いじめの認定権

子ども（生徒）たちの問題行動に即市民社会の法律が適用されないことは、児童福祉法や少年法などによって保障されている。学校内での生活も世の中一般の刑法はすぐには適用されないことになっている。学校は教育の場であり、子ども・生徒たちはそこで市民社会の秩序順守や生活ルールの訓練をする場と考えられているからである。

悪いことをするのも教育・矯正の対象と考えられてきた。教育的立場からはいじめは犯罪と呼べるものからちょっとしたもめごと、そしてからかいなど上から下まで多種多様に存在する。一九八〇年以前はだいたい教師の統制下、校内で充分処理できるものがほとんどであった。八〇年代に入ってから、いままで述べたように「尊敬されない教師」の登場とともに被害者の自死が起こるようになり、大きな社会問題化した。加害者と被害者と傍観者の「社会的な個人」の要素が弱化したのである。

学校（教師）にとっては「やった側」も「やられた側」も同じ生徒の一員であり、とりわけ、日本のいじめの場合、物理的な暴力よりも心理的・精神的な圧迫・抑圧・無視の要素が強い（加害の意識が弱い）ので、単純に加害者、被害者という発想はしにくい。

また、いじめの質によって警察を要請するレベルの認定にも非常な困難がともなう。学校（教師）にいじめの認定、加害者の裁定の権限があるとはいえない状況もある。裁定には生徒、保護者の同意が必要になる。いじめの認定は非常にむずかしいだけでなく、教師（学校）に認定権は世の中からも法的にも与えられていないというのが実情であろう。それでいつも教育委員会にお伺いを立てたりしてごたごたする。そういう状態がずっと続いてきたせいもあって、二〇一一（平成二三）年の大津市の中学校での生徒の「いじめ死」以来、第三者委員会が設置されて「事実」を解明しようとすることが一般的となった。

このとき第三者委員会の主導権を取り、スポークスマン的な役割を果たしたのが、教育評論家の尾木直樹さんである。尾木さんは元教師であるが、二〇〇七（平成一九）年の『いじめ問題とどう向き合うか』（岩波ブックレット）以来いじめの多様性の認知とそれが生徒間のコミュニケーションのひとつの現れであるという教育的立場を取らなくなり、いじめを「犯罪行為」と規定して、生徒間の対話不全のトラブルというよりは、人権に対する侵害と捉えてきた。そのため、大津の「いじめ死」事件で「いじめは犯罪」と見る見方が強力に広まったといえる。

また、学者のなかからも法の支配を直接に学校に持ち込めという学説が展開され、かなりの影響力を持つようになった。明治大学の内藤朝雄《ないとうあさお》氏の「法の介入、学級制度廃止でいじめの蔓延を食い止めろ」（『中央公論』二〇一二年一〇月号所収）がその代表的なものである。

「学校」「教育」「子ども」を一般社会（市民社会）から区別して捉えるべきでないというのが内藤氏の主張の骨格で、『学校が自由になる日』（宮台真司、藤井誠二との共著、雲母書房、二〇〇二）では、自分たちは〈「学校」「教育」「子ども」という宗教に異を唱え〉てきたと主張している。宗教の意味がわかりにくいが、市民社会の法的支配から距離を置かないで、即刑法を適用せよということであろう。内藤氏は前掲の『中央公論』でこう規定している。

〈学校で蔓延するいじめは次のことを示す。現行の学校制度は、生徒を外部の社会から閉ざされた治外法権の閉鎖空間に閉じ込め、強制的にベタベタさせる。すると、そこには生徒たち独自の残酷な小さな社会の秩序が発生し、大繁殖する。そのなかで人間の尊厳を平気で踏みにじり、人を虫けら扱いする現実感覚が「あたりまえ」になる。子どもたちをミンチにして群れたかたまりのハンバーグをつくるような、日本の教育制度を変えなければ、何をしても同じことが繰り返されるだけだ〉

ずいぶんと乱暴な議論だが、伝わってくるのはいじめを防止しようとするよりも、何が何でも「学校的な現実」は否定しなければならないというその執念である。そこに内藤氏の議論の狙いはあるようだ。確かに、学校はある程度閉鎖的だが、それは一般社会のルールや風習が直接入ってきて、教育的環境を破壊しないための防御策である。

学校は事実として〈外部の社会から閉ざされた治外法権の閉鎖空間〉ではまったくない。生徒や教師の考え方や生活様式を通じて、市民社会的なものも学校のなかへどんどん入ってきている。学校は市民社会的にどんどん変わっており、いじめの悪質化もそのひとつである。学校が人間が成長する聖域と見なされなくなってきたからである。また、学校は刑法などの規制を直接受けないようになっているが、憲法、教育基本法、学校教育法などさまざまな法律の適用を受けている。

内藤氏は〈学校は神聖なる教育の共同体と見なされ、法が入らない。大部分の犯罪は

「教育」上の問題として扱われ、学校は無法地帯となる〉と断言しているが、これもまた事実に反する指摘である。〈無法地帯〉はまったく事実と異なる。

共同体的規制がゆるんだ弊害

確かに、学校は教育の共同体ではあるが、法を排除するほど強くはない。学校教育法で生徒（児童）を懲戒することは認められており、法的な行政処分はおこなうことができる。但し、日本の学校は法治主義より温情主義なので正式な懲戒をすることは高校でもほとんどない。高校では退学処分にすると履歴書に記載しなければならなくなるので、自主退学を勧めるといった風に。

要するに、内藤氏は学校にも世の中と同じ刑法を無条件に適用せよと主張しているらしいが、そうなると児童憲章や児童福祉法、少年法や学校教育法などの子どもを保護する諸法に抵触することになる。学校の教育的配慮に基づく共同体的要素が嫌で嫌でしようがないのであろう。そのために、市民社会的な規範を持ち込んで、学校の共同体性を廃棄することがいじめの消滅につながると考えているのであろう。市民社会は「個人にとって自由だ」、「学校は共同体的で不自由だ」と一方的に考えているからであろう。

だが、いじめはお互いが対等である近代社会から位階を決めるために発生したものである。江戸時代のように身分の区別が明確な社会では、身分を越えてのいじめは発生する必要がなかったことからも明らかだ。いじめの悪質化も学校の共同体的規制がゆるんだせいで昂進している現象である。

いじめは近代の前進が引き起こした現象である。長期的には子ども（生徒）たちの「社会的な個人」を強化する方向に学校は進むべきだと思うが、短期的にはいじめの裁定を教師（学校）に持たせることが必要であろう。教師が当てにならないとすれば、学校に弁護士、カウンセラー、教師、保護者代表の四者による「いじめ対策委員会」を常置することも考えられていいのではなかろうか。

他者の評価の現れ＝いじめ

この章の最後にいじめ認識についてまとめておこう。

一九七〇年代後半までを近代前期（「産業社会的近代」）とし、それ以降を近代後期（「消費社会的近代」）とすると、近代後期になって受ける側（被害者）の対応（受け取り方）が大きく変わった。加害側を擁護する気はないが、受ける方のダメージがより強くなった。

いじめには犯罪に当たるものから子ども同士のからかいに当たるものまで、レベルと種類は多様にある。

一言で犯罪といってしまうのは乱暴すぎるし、いじめには生徒相互の教育的役割もある。生徒同士の交流は学校における生徒の成長に大きくかかわっている。子どもたちの遊び（精神的やりとり、交流）のなかにも、いじめは入っている。子どもの持ついじめ的傾向を完全に否定してしまったら、子どもたちの成長や自主性、自治を否定することになる。学校には教師好みの生徒しか住めないことになる。子どもは問題を起こすものである。そのことを通じて成長していく。勉強だけが勉強ではない。

いじめは、その子どもに対する仲間や集団からの「評価」の表れでもある。いじめを受けたものは「自分で思っている自分」（「内的な自己」）と「ほかの人から見た自分」（「社会的な個人」）が違うことを認識するきっかけをつかむことになる。これはその子にとってプラスであり、社会にとってもプラスである。

私自身、子どものときからかなりいじめられてきたが、「自分で思っている自分」と「ほかの人から見た自分」がどれだけ違うかかなり勉強させられてきた。自分で自分はわからない。学校生活にはプラス的なものもあるし、マイナス的なものもある。プラスもマイナスも知っていなければ、本当にプラスの価値はわからない。学校でいいことだけを教えたり、経験させたりすることはできないし、いいことだけを学んだ生徒（子ども）は社会で充分に役に立つことはできない。悪も知っておく必要がある。

いじめは犯罪ではない

いじめは「事実」の確定が困難である。学校は一人前の市民が生活しているところ（市民社会）ではない。学校は子ども（生徒）を市民として扱っていない。市民へと向かうような教育をしているところだ。したがって、悪いことをした場合でも、即個人の責任が問われることはない。これは教師の指導放棄ではなく、学校が市民（近代的個人）の養成機関であることからきている。

その子ども（生徒）の行為を犯罪と断定することは司法権力ではない学校にはできない。また、司法がその人の行為を犯罪と断定するためには、一人前の近代の合理的・理性的人間であるという前提が必要である。そういう仮説に基づいて犯罪は認定される。理性的・合理的な人間に向かうための教育を受けている過程にある子どもが、学校でした行為は殺人などを除いては通常は犯罪と見なされていない。法治主義を学校に持ち込みたい人、いじめはすべて犯罪だと思っている人たちは、そういうところが気に食わないのであろう。マスコミでも教育委員会や校長や教員が責任逃れをしていると攻撃されている。

アメリカのようにスクールポリスが配属されているところは別だが、日本の場合、盗みがわかっても警察へすぐに連絡しないし、権限もないから、刑法も適用しない。指導処置（家庭謹慎など）や事柄によれば行政上の懲戒処分をして済ませるのがふつうである。学校内での子ども（生徒）の行為は、市民社会での市民と異なり、教育的な意味での留保がつけられている。だから、学校内では刑法上の犯罪は基本的に存在しない。いじめは犯罪ではないのである。世論からは強く批判されるかもしれないが、教師の多くは建前上はともかく本音としてはいじめは犯罪と思っていない。これは教師としての矜持である。教師的立場からいうと、加害者も被害者も同じ生徒で可愛いのである。それに加害者と認定されても、その生徒はたいてい元の学校に戻ってくる。教育的つながりは維持されなければならないのだ。

もちろん、犯罪と呼ぶしかないいじめもあろう。また被害者がそれによって自死した場合は結果責任として犯罪を犯したということになろう。そのとき加害者は子ども（未成年）であっても市民と同じように扱われる。しかし、いじめそのもの、いじめ全体は犯罪ではないし犯罪と呼ぶべきではない。教師の多くはだいたいこんな風に考えている。

想像を超えるハラスメント

日本のいじめが見えにくいのは、基本的にハラスメントであるからだろう。誰が見ても「これこれである」と確認できるものではなく、被害者の受け止め方で大きくなったり小さくなったりもする。欧米のいじめは、八、九割が「生徒間暴力」とでも呼ぶべきもので、日本のいじめの主流とはかなり異質である。

一般的に、加害者も行為の客観性（意味）を確信していない。嫌がらせやからかいと思っているかもしれないが、いじめの自覚はあまりない。嫌がらせやからかいもいじめの一部をなすが、被害者が受け流せるうちはまだいじめではない。自己の人格への攻撃だと感じ始めたときにいじめと自覚されるのであろう。そこから相手（たち）との闘いではなく、自己との闘いが始まる。西欧の個人たちは相手との闘いになるのだろう。「なぐられたらなぐりかえす」か、こそこそ逃げ回るかのどちらかであろう。逃げ回ったって相手が悪いのだから自己は傷つかない。西欧の個人主義とはそういうものである。

日本では被害者が相手との闘いを開始しない。大津市の「いじめ自死事件」も、教師が被害生徒に聞いたら「大丈夫です」と答えたので喧嘩に類するものと捉えていた。この辺の判断は、教師にとっても被害者にとっても、ものすごくむずかしい。

多くの場合、被害者と加害者とは個人的つながりがある。つながりのない奴をいじっても面白くないから、無関係な者にふつう手を出したりはしない。だから、被害者も軽い嫌がらせかからかいの一種だと捉えたい。自分がいじめを受けているという認識は耐えられない。いじめを受ける弱者だと思いたくない。いじめを受けていると自覚したら、自己のプライドが傷ついてしまう。親や教師に告げ口したら、もっとプライドが傷ついてしまう。自分を弱虫だと思いたくない。

人間はいじめを受けても生きていけるかもしれないが、自己のプライドが完全に傷ついたら生きていけない。被害者の自己はだんだんと追いつめられていく。被害者が口を開かなければいじめ問題は始まりようがないのに、口を開くことができない。

そして、その個性の強さによって異なるが、自死することによって追いつめられた自尊心の表示をしようとする者が出てくる。自死によって、相手に自己の真意（恨み）を少しでも伝えようとするのは、日本的な面子の保ち方なのかもしれない。

同じようないじめをされて10の打撃を受ける子もいれば、2ぐらいしか感じない子もいる。いじめや他人の悪意の受け止め方のキャパシティ（許容量）には大きな個人差がある。暴行や傷害や恐喝は犯罪行為である。事実の認定にそれほど困難はない（但し、八〇年代以降、相互の主観がかなり違うようになり、事実を確定することがむずかしくなった）。これも教師が恐くなくなったから、教師が「尊敬されなくなった」ことの結果である。

いじめは、やっている方もやられている方もよくわからない。何かのきっかけで親や教師や警察などが察知し、それが採り上げられたときにいじめとなるのである。加害者も被害者も親や教師によく理解できないことをいうに違いない（自死した生徒の保護者が学校側にどういう事実があったのか明らかにせよと迫るのは、たとえ、子どもと話していても話がよくわからなかったからであろう）。いじめは生徒同士の感覚的・心理的対決に根を持つ衝突的コミュニケーションであり、双方ともに行為や事態を理性的に認識しているわけではない。親や教師の理解できる枠組みで語ることは困難である。

新しい第三者の必要性

事件はふつう事実から出発する。だが、いじめはデジタルな事実からは出発できない。被害者のアナログな被害感情から出発して、事実に「到達」するのでもない。被害感情から出発して事実を「構成」するしかないのである。事実は客観的であり、いじめは犯罪だと思い込んでいる人には、この真実はわからない。いじめの「事実」は構成されるしかないのだ。

だから、教師にはふつういじめは見えない。教師も個々の生徒と自分との距離を測ることはむずかしいし、ましてや、生徒間の事実を見ることはできない。そして、いじめは誰から見てもわかる「事実」ではない。仮に解明しようとしてもその一部だけが垣間見えるだけである。そこに、双方の親が加わってくる。親は子どものいい分に沿って感情的にからんでくる。加害者が被害者のような口をきく。それぞれの物語をひとつの「事実」にまとめることは非常に困難である。いじめが明々白々な事実としてある（見える）と考えている人たちは真実からは遠く離れている。

一般に二者が対立している場合、中立的な第三者が必要である。生徒同士がトラブルを起こしたとき、従来は教師が指導力を持つ第三者として裁定・調停をすることができた。しかし、「尊敬されない教師」の時代にそういうことは不可能である。

現在の教師の権威性からいうと、教師は裁定できない。生徒も親も認めてくれない。したがって、担任や学年や学校レベルで収拾できないいじめは、早い時期に先に挙げた「いじめ対策委員会」（弁護士、カウンセラー、教師、保護者代表）のようなものに委ねることが現実的であろう。

第4章

教育を動かすちから

四つの「ちから」の変化

学校は文科省や教育委員会が一方的に動かしていると主張する学者・研究者はほとんど居なくなったが、評論家には学校が上意下達で動いていると思っている人が多い。私は戦前の教育も国家の意思だけによって動いていたとは思っていない。

戦前は天皇制教育と産業社会教育の混合で、臣民育成と市民育成の両方がおこなわれていたことはすでに触れた。近代教育は国家のものだけでもないし、市民社会のものだけでもない。国家社会と市民社会の中間にある。戦前もやはり学校を動かしていたのは、「行政（天皇制国家）のちから」と「民間（産業社会、地域、親）のちから」と「教員（科学と天皇思想）のちから」と「生徒のちから（臣民、市民として自己構成するちから）」によって動かされていたはずである。開国以来、欧米列強に囲まれ、ロシア（ソ連）の南下政策に抗するために朝鮮、中国を制圧しなければならなかった国際情勢もあって、この四つのそれぞれベクトルの異なるちからが一体化して働いていたといえよう。

戦後はＧＨＱ（占領軍）の強力な「指導」で天皇制教育（および国家神道思想）は解体された。「行政のちから」は独立するまではＧＨＱの支配下にあり、独立してからは政府および文部省の統制下に入った。

「民間のちから」はまだ動きだしていなかったが、「教員のちから」は冷戦体制の下、社会主義（共産主義）体制に与《くみ》する形で教員組合を通じて強力にその勢力を伸ばした。「生徒のちから」はまだ動きだす準備はできていなかった（子どもの自己主張は認められていなかった）。「産業社会的近代」に到達してから、民主主義や人権思想の拡大とともに「生徒のちから」も無視できない要素になっていった。

文部省はGHQの指導下で教科書を発行していたが、一九五八（昭和三三）年まではナショナルカリキュラムに当たる「学習指導要領」はなかったので、「教員のちから」はかなり自由に（恣意的に）教育活動をしていた。現在のように「民間のちから」は学校を規制するちからをまだ持っていなかった。戦後教育（昭和三五年ぐらいまで）は「行政のちから」と「教員のちから」が拮抗する形で展開していたといっていい。当時、小学生だった私の記憶では一時期かなり適当な授業がやられていた感じがする。

「行政のちから」は敗戦した国の政権と文部省がこれを代表しており、一方、「教員のちから」は日本の非武装化、民主化を推し進める占領軍が最初はバックアップしていたので、教員組合の勢いは大変なものだったらしい。実際、私（たち）は確か六年生（一九五二／昭和二七年）の総選挙のときだと思うが、教師に連れられて居住区域をデモ行進し、シュプレヒコールさせられている（当時、教員は選挙活動が自由にできた。私たちは教員に利用されたのである）。

教育をめぐる「行政のちから」と「教員のちから」の対決は、保守勢力と革新勢力の対立となり、それは冷戦下の自由主義体制と社会主義体制の対立が陰にあった。「行政のちから」を代表する当時の政権党は戦前からの政治勢力によって担われており、戦争責任から自由でなかった。

その点、朝鮮戦争（一九五〇―一九五三）によってGHQの保護下から離れた「教員のちから」（教員組合）は、「平和と民主主義」を旗印とし、「教え児を再び戦場に送るな」をスローガンに掲げ、真理と正義を代弁していると考え、意気軒高《いきけんこう》であった。世論（「民間のちから」）に必ずしも支持されているわけではなかったが、教育の現場を動かしていた。教育委員会は民間からの選挙制であり、学習指導要領の規制もなかったから、（教師の）教育の自由をおおいに謳歌していたわけである。子どものみならず全国民を啓蒙の対象にすべきと考え、強引に「尊敬される教師」を演じていたといえる。親たちからはかつては「天皇の代理人」であった「お上《かみ》」として遠慮されていたと思う。

実際、一九八〇（昭和五五）年頃、私が仕えていた校長さんはよく「父兄も教育しなければいけませんよ」といっていた。「尊敬されるべき教師」は全国民を啓蒙すべきだと考えていた。その頃は底流で「民間のちから」が私学の隆盛に向けて爆発寸前だったのであるが、私たち公立の教師たちはまったく気づいていなかった。

組合員と非組合員

話を戦後の保守と革新に戻す。

保守派は修身科を復活させようとしたり（朝鮮戦争前後）、教員の政治活動を禁止する法案を通し（一九五四／昭和二九年）、民主党（当時の保守政党）が日教組の偏向教育を糾弾する『うれうべき教科書の問題』を発行し（一九五五／昭和三〇年）、教育委員を任命制に変える（一九五六／昭和三一年）などして、国家・行政の側からの教育の復権を目指していた。大きな政治的対立を生みだした「勤務評定」を実施するための学校管理規則の制定や学習指導要領（全国一律のカリキュラム）の制定（一九五八／昭和三三年）へとつながって、一九六〇（昭和三五）年の「六〇年安保闘争」を迎えるわけである。

なお、「勤務評定」についてはほとんどの教員が反対したということだが、この闘争の敗北によってかなりの数の教員たちが組合を脱退して、「教員のちから」の勢力がずいぶんと低下した。私が高校教員になった一九六四（昭和三九）年には、私の勤務校では組合員と非組合員の比率はおよそ半々であった。もちろん、戦後民主教育を受けた私たち戦後世代の教員の加入によって、教員組合は息を吹き返すことになる。

一九六四年、戦後生まれの団塊の世代が「産業社会的近代」を生き延びるために一斉に高校へ入って来る。高校の進学率は上昇の一途になる。実質、高校の義務教育化に近づいてくる。教育の大衆化である。

そして、「教員のちから」の分裂によって、「行政のちから」と「教員のちから」の対立が学校内で展開されるようになった。勤務評定をめぐって組合を辞めた教員の多くは、教育は国家のものと考え、管理職を目指していた（実際、ほとんど管理職になった）。組合員たちは教育は国民（生徒）のものと考え、「行政のちから」に反対していた（たいした反対はしなかったが、何でも反対していた）。非組合員たちは国家に役に立つ人材の形成を目指し、学力向上・受験実績を上げる教育を実践しようとしていた。

一方、組合員たちはあまり「こういう人間像」を目指すという発想はなく（そういう考え方こそ非民主的だと思い）、その生徒自身の生き方を模索していけば平和と民主主義を愛する人間が自然とできあがると考えていたのではなかろうか。もちろん、政党に属する組合員はその政党を支持する生徒を創ろうとして偏向教育をやっていた。私はもちろん組合派だったが、生徒たちが憲法を現実のものにするような自立的、積極的な市民になってほしいと漠然と考えていた。国家中心の教育は反対だし、受験教育にもほとんど興味がなかった（だいたい、ほとんど勉強しない生徒たちで受験のレベルにも達していなかったこともある）。

能力検定テスト

教員組合や進歩的な学者たちは「軍国主義の復活」とか「戦前の天皇制教育の復権」を図っているとかいって、保守派の教育政策を危険なものと位置づけていたが、昭和二〇年代とは異なり、一九六〇（昭和三五）年ぐらいから「産業社会的近代」に突入し、「高度経済成長」もその実績を上げつつあり、生活水準もどんどん豊かになりつつあった。「戦前の復活」「軍国主義」の宣伝はお笑い草だった。そろそろ「民間のちから」が作動し始め、政治の時代ではなく、経済の時代に入っていた。高校進学率こそ上がっていっても、「農業社会的近代」のように学校も「お上《かみ》」として権威を認める、教師たちを「尊敬する」という風潮はどんどん低下していた。資本主義社会（近代）の経済主体（個人）は対等だからである。

低位の高校は勉強したくない子が多数派になり、授業中にまず静粛にさせるのが一苦労になり、私語がやむことはなかった。私（たち）は大学時代に夢見た「生徒たちと議論し合い、未来を語る」ような教育関係など夢のまた夢であることがわかり、途方に暮れていた。また、輝かしい歴史を持つ日教組の組合の実態がホントに頼りのないものであることにも意気消沈していた。

一九六〇年の「六〇年安保闘争」は戦後ずっと続いてきた左右というか保守と革新勢力の対決に一定の決着をつけた形になった。そして、岸内閣のあとの池田内閣の「所得倍増計画」（「高度経済成長」と一体化したもの）によって、戦前の軍国主義回帰か戦後の平和と民主主義かという革新派の作った見取り図は現実性を持たないものとなった。国民の動向は経済成長の方へどっと流れ込んでいった（それでも、教員組合は相変わらず「戦前回帰」「軍国主義復活」反対を繰り返していたが）。

教育をめぐる動向も「産業社会的近代」に入り、「行政のちから」と「教員のちから」の対決に「民間のちから」が大きく介入するようになる。そして「民間のちから」が追い越していく。教育を経済的効率の観点から捉え直そうとする「教育投資論」が力を持ってくる。

一九六三（昭和三八）年、経済企画庁の経済審議会人的能力部会が、『経済発展における人的能力開発の課題と対策』を発表する。教育を一般的な人間形成・国民形成と捉えるのではなく、労働力の実態分析を踏まえ、教育（学校）を能力主義的に再編しようとするものであった。経済企画庁から出されているが、これは「行政のちから」の形式をとりながら「民間（企業）のちから」を表現するものであった。

技術革新の観点からいえば、創造力のあるハイタレントは同世代の三〜五パーセントでよく、中間に管理者を設置し、一番下に単純労働者を大量に配置するという企業構想に基づいて、教育制度を変革しようとするものであった。こうした能力主義に基づく大学・高校の多様化への再編は教育を冒瀆《ぼうとく》するものともいわれた。そのための準備として高校生を対象とする「能力検定テスト」なども試行されたが、能検テストによって本人の将来を決めてしまうという経済優先の考えが教員や父母の強い反発を受け、これは現実化されることはなかった。

私の居た高校でも「能力検定テスト」全校実施派と反対派とに分かれ、まとまらないために父母の集会を開いて、保護者の意見を聴取するなどしたが（「民間のちから」の導入）、最終的には希望者だけが受検することになり、私なども担任をしていたが生徒の希望は一切取らなかった。この「能検テスト」もあちこちに混乱・対立を引き起こしただけで、数年で消失してしまった。

一九六〇年代後半に入り、「高度経済成長」「所得倍増計画」が前進するなかで、保護者たちの多くは子どもの高校進学だけでなく大学進学を望むようになる。「能検テスト」で個人の進路が決定されてしまうというネガティヴキャンペーンに強く影響を受けたのだと思う。

曲がり角の一九七〇年

「行政のちから」「教員のちから」を押しのける形で「民間のちから」(経済界の要請、学校の企業化、父母の教育要求など)が教育・学校に大きな影響力を持ち始める。まず何よりも高校進学率の上昇による高校の増設、高校生の増大、そして、大学進学の大衆化が六〇年代後半から七〇年代にかけての中心課題となっていく。

一九六六(昭和四一)年の「行政(国家)のちから」の最後のあがきのように道徳や生き方をお説教する『期待される人間像』が中央教育審議会から出されたが、その時勢に合わない時代錯誤性は嘲笑されるだけだった。個人の時代、経済主体が自由に利益を追求する時代に入っていたのである。西欧的な近代のレベルに達していた。「行政のちから」は「民間（企業）のちから」を代弁するものに変わっている。国家や政治が教育に主導権を持つ時代は終わったのである。

一九六〇（昭和三五）年が政治的にも経済的にも、そして教育においても大きな曲がり角だったとすれば、一九七〇（昭和四五）年は「産業社会的近代」の枠のなかの戦後社会の完全な転換点であった。七〇年前後に闘われた「ヴェトナム反戦闘争」と併行した学生・生徒・青年たちの「学園闘争」は大学教育（教員）のいう「大学は真理の牙城」「学問の府」という考え方や、「教員のちから」の主張していた「平和と民主主義」が口先だけのものであることを明らかにした。「学問の府」や「平和と民主主義」が保守体制を支えていたのである。

教師の権威はそれまで信じられていたほど確かなものではないことが全国民的に暴露されてしまった。「七〇年闘争」は青年・学生たちによる戦後的な考えやシステム、教育体制に対する異議申し立てだったのである。この時点で学校（大学）を動かすものとしての第四の勢力である「生徒（学生）のちから」が公然とすがたを現したといえる。大学や高校は不充分ながら生徒（学生）管理体制の変更など変革を迫られたのである（だいたいはすぐに旧態に復してしまったが）。

七〇年はまた総理府のアンケート調査によって国民の約九割に当たる人々が「我が家の生活は（上中下の）中に位置する」と解答したことによって記憶されている。もう絶対的窮乏化はなくなったとさえいわれた。政治的な課題が消え失せ、まさに経済中心の時代に入っていた。給与も毎年大幅にベースアップされ、教員の多くが家を建てたり、車を買ったりした。私たち進歩的な教師たちは実にやり切れない思いでいた。日本や世界や社会にかんして生徒たちに語るべき言葉を喪っていたからだ。

経済の時代には人物の偉大さや人格の崇高さなどは尊重されない。立派な人物はカネを稼ぐ人物である。どれだけ個人が経済的利益を生みだすかが価値の基準になり、生徒たちに「こういう人間になりなさいよ」などというお説教は通じなくなってしまった。

ひとは出世のみに生くるにあらず

高校進学率は九割を越え、埼玉県でも高校がどんどん新設され、一〇年も経たないうちに私が教員になった頃の三倍になっていた。一九七一（昭和四六）年に出された中央教育審議会の答申の目玉は「高校の多様化」（普通科を減らし、職業科をたくさん作ること）であった。そういう労働力の配合を高校段階で選別しようとする「民間（企業）のちから」の希望にもかかわらず、県民、父母、地権者たちの土着の「民間のちから」が勝利し、新設校のほとんどは大学につながる共学・普通科だったのである（このことが後になって底辺普通科が目的意識を持たない生徒たちのたまり場になり、教員が苦労することにつながる）。これは明らかに、企業の利益を重視しようとする「行政のちから」が地元民・父母たちの「民間のちから」に敗北したことを意味している。

七〇年代に入り、よく生徒の母親と面談していると、「うちの主人は学歴がない（大学へ行っていない）から出世できない」という愚痴を聞かされた。その裏に「子どもだけは大学へ進学させたい」という意図が透けて見えた。当時は現在ほど大学はなかったし、同年齢の上の三分の一ぐらいに入っていないと大学進学はむずかしかった（いまは半分ぐらい入学できる）。みんなが大学を考える時代に入っていた。

いくら世間知らずの青年教師とはいえ、日本の企業が学歴だけを優先しているのではなく、半分以上が能力主義を採り入れていることは知っていた。そうでなければ、戦後のこの驚くべき経済復興も成功しなかったはずである。母親たちはけっして「主人は能力が低いので」とはいわない。「たまたま大学へ行か（け）なかったから、実力があるのに出世できない」と社会の学歴志向を恨んでいるのである。だから、子どもはぜひ大学へ行かせたいということになる。

私はこういう話を聞いていると、「そういうことはあるのだろうな」と半分同意しつつ、もう半分は何か不純な意図を感じざるをえなかった。ご主人が出世できないのをかばうのはいい。戦後多くの成績のいい生徒たちが貧乏のために進学を断念したのはよく知っている。生まれ故郷の私の一番の親友も長男で中華そば屋を継がなければならなかった。小学生から学年で一番といわれていたのに、商業高校へ行かざるをえなかった。みんなそれぞれの事情を抱えている。しかし、大学へ行かなくても技術や科学や営業などで能力を発揮した人もたくさんいる。母親たちは子どもが勉強好きか何に向いているかを考えずに、出世のためにだけで大学へ行かせたがっている。

だいたい、その高校からはほとんど大学へは行っていなかった。そういうことも考えずに、とにかく「学歴主義」を悪の元凶のようにいう。「ひとは出世のみに生くるにあらず」と私は思っていた。気持ちはわかっても賛同する気にはなれなかった。生徒たちがかえって可哀そうである。平等への志向と他人への嫉妬心が世間に強く流れだしたのである。私、ではない誰かが得をすることは許せないという気風は親たちから学校へ流れ込んできていた。

受験熱心な親たち

教師は戦後教育で一本貫いていた人間形成、人格向上の太い線を歩むことはむずかしくなった。親や生徒たちがそれを望まなくなってきた。教師はもっぱら生徒の成績、すなわち経済的利益に貢献するよう求められるようになる。

ところが、学力をつけるには生徒（学ぶ者）としての基本的姿勢や勉強することの土台ができあがっていなければならない。その基本は家庭の生活のなかで形成されることはいうまでもない。その上、正直いって学力がつく生徒の比率は決まっている。みんなが同じようにできるようになることはない。学力のつかない生徒は一定の率で必ず発生してくる。だから、勉強できない子を低く見てはならない。本人の責任ではない。

「ゆとり教育」が問題になっていた頃、文科省のスポークスマンを自ら買ってでていた寺《てら》脇研《わきけん》さんが、「ゆとり教育が実施されたらみんなが一〇〇点取れるようになる」と断言していたが、思わず笑ってしまった。現場のリアリティがまったくわかっていない。できる生徒、中間の生徒、できない生徒は必ず出てくる。どの高校にもできる層と中間の層、そしてできない生徒の層は構成される。高校は公立・私立ともにランクが上から下までちゃんと決まっているし、これは昭和三〇年代に各都道府県でも順位は確定していたのである。

一九七〇年代後半に、現在はさいたま市に入っている（当時）Y市のY高校にいたとき、これもいまはさいたま市に入っている浦和市のM中学校のPTAの学習会に呼ばれたことがあった。高校進学がテーマで母親たちが繰り返していっていたことは、家の近くに行きたい高校があるのに中学が受けさせてくれないということであった。「どうして近い高校へ行けないのか」という。

当時、埼玉県は民間の北辰という会社に委託した全県一斉の「北辰テスト」の偏差値によって、生徒の行くべき高校は決められていた。中学の教師は高校浪人を出したくないから、きっちりと「北辰テスト」の偏差値に基づいて行き先を強引に指導していたと思われる。中学は勧めるだけで強制することはできない。しかし、親は強制だと受け取る。この頃、新聞などの投書欄に「中学が子どもの受けたい高校を受けさせてくれない」という意見が頻出していた。

浦和市（当時）のM中学の周囲は、受験に強く人気も伝統もある浦和高校や浦和市立高校、少し離れてはいるが全県で女子校としてトップの浦和第一女子高校があった。

要するに、子どもを家から近い高校へといいながら、受験に強い高校へ行かせたかったのであろう。割りふりをしないで好きなところを受けさせろといっているのである。私は腹のなかで受けたければ受ければいいではないか、中学は保護者・本人の希望を無視することはシステム上できないのだからと思っていた。中学側の教師も反論するのだが、何か話がかみ合わない。私の居たY高校は生徒の生活の質でも県南最悪といわれていて成績も低かったので関係のない話だなと聞き流していた。母親たちはY高に近くても、絶対子どもを受けさせないことは明らかだ。

その場に私立でY高よりもレベルが低いという定評のあった女子校のYS高校の教員が来ていた。この教員（本当に教員だったかよくわからない。YS高をリニューアルする会社のコンサルタントではなかったろうか）はとても教員とは思えない早口のセールスマントークで、いかにYS高が生まれ変わろうとしているかを宣伝していた。私はこのYS高の宣伝も聞き流してしまったのだが、YS高はコースに分かれているから生徒全員というわけではないが、あっという間に特別コースがふつうの県立高を追い越して、埼玉全体の上の下ぐらいの位置に入ってしまった（いまもそうである）。Y高を追い越すのなんか問題にもならなかった。

母親たちが家から近いところを受けさせてくれというのも、ＹＳ高のセールスティーチャーを使って下位から上位へとのしあがっていったのも、教育が「お上《かみ》」から与えてもらうものではなく、「買う」ものにと転換し始めた時代を象徴している。私たち公立の教師たちは教育を「買う」時代に入ったことにまったく気づいていなかった。「親方日の丸」の意識が強かった。

だが、教育（学校）が「民間のちから」の統御下に入って行きつつあった。公立の教師たちは特別コースとか進学コースとかを作って、生徒を差別化して競わせることが本当に嫌いであった。高校の格差は世間という「民間のちから」が作ってしまうから防ぐことはできないが、せめて自分の居る学校では選別や競争を強めることはやりたくないと考えていた。

そうしたら、教育熱心な親たちは進学に力を入れる私立学校に子どもを送り始めたのである。教育熱心な親たちはほとんど中産階級に位置しているので、知的レベルも高く子どもの成績もいい。成績のいい子どもたちが（少なくとも埼玉では）こぞって進学体制を固めてリニューアルした私立学校に通い始めた。

教育を「買う」時代

一九七〇年に入ってから、あまり耳にしなかった中学生の塾や高校生の塾がウイークデイの夜に営業を始めていた。それまでは夏休みなどの長期休業中に塾は営業していた。民間の進学熱は学校の枠を越え始めていたのである。教育を「買う」時代に入っていた。一九七五（昭和五〇）年には高校進学率が九二パーセントに達したといわれ、さらに上昇していく。また、一九七五年ぐらいまでは高校生の就職希望者はほぼ一〇〇パーセント希望どおりのところへ入れた。

私の居たY高は商業課程もあり、普通科の就職希望者も多く、まったく売り手市場だった。しかし、「石油ショック」（一九七二年）のあと数年経って企業の求人先が高校から短大・大学へと向かい、普通科は大学進学をしないとうまく就職できなくなった。私は一九七二年から七四年までY高校の進路指導部長をしていたので、売り手市場の景気の良さをよく憶えている。この頃からコンピューターを各企業が導入して、省力化が進んでいく。人間をできるだけ雇わなくなる企業の経営が進んでいく。

埼玉県では一九八〇年代に入ると、先に触れた県立高校の下に位置し、県立に入れない生徒の受け皿となっていた私立高校のほとんどが「受験と生徒指導と部活の活性化」を旗印として県立高校を追い抜いていく。一九九〇年代には私立高校の多くが高校全体の上の下の位置につけていた。昔からの私立高校、そして次々と新設される私立高校が数年を経ずして中堅以上のレベルの高校になっていた。

保護者が私立を選ぶようになった。中堅から下の県立高校は底辺に追いやられていった。公立のゆったりした人間教育など商品価値を持たない教育環境になっていた。企業としての私立高校の教育方針、運営方針、指導の実態が、のんびりしていた公立高校の「親方日の丸」的体質を凌駕し、私的経営体としての中産階級家庭の教育方針とうまく接合して爆発を起こしたのであろう。

だが、この現象は東京および東京周辺の地域にのみ現れ、現実化したものであり、名古屋や大阪や福岡あたりでは相変わらず公立優位が保たれているとも聞くと、その原因がよくわからなくなる。わかるのは教育が経済という「民間のちから」の影響下に入り、「行政（国家）のちから」や「教員のちから」から離れていったことである。とにかく、学校、企業の「民間のちから」が力を合わせ、「行政のちから」的な高校、「教員のちから」によって動かされている公立高校に勝利したことは間違いない。新自由主義の勝利である。

教育の自由化

経済的効率性の観点、生徒（子ども）を人的資源と見なす観点が「消費社会的近代」の展開とともに学校（教育）を変えていった。一九八〇年以降、「行政のちから」「教員のちから」が教育（学校）の主軸を動かすということはなくなった。このことと、教育不全、学校不全の発生と定着とがときを同じくしている。

教育を動かす力が「民間（企業・保護者）のちから」に支配されるようになったことを象徴しているのが、一九八四年の「臨時教育審議会」の答申である。これは中曽根首相の私的諮問機関であり、中央教育審議会ほど行政的権威はなかったが、のちの教育改革（教育の動向）に決定的な役割を果たした。

すでに中曽根首相はアメリカのレーガン大統領の「レーガノミクス」やイギリスのサッチャー首相の「サッチャリズム」と同様に、新自由主義の理論に基づいて、「行政（国家）のちから」の硬直化と非効率化を「民間（企業、個人）のちから」（「民間活力」）によって改善しようと考え、日本国有鉄道の民営化に成功していた。中曽根首相がどこまで本気で教育改革を実行しようとしていたのか、あるいは、日本の教育の何が問題だと考えていたのかはよくわからない。

だが、中曽根首相の選んだ「民間」（教育行政筋ではないという意味）の識者たちはそれまで誰も考えなかった教育改革の思想を提示し、「行政（国家）のちから」（文部省筋の委員たち）を徹底的に追いつめた。それは一言でいうと「教育の自由化」であり、公教育を完全に「民間のちから」に委ねて、経済の動きと歩調を合わせようとするものであった。個人の（経済活動）の自由と効率化の理論で教育（学校）を完全に変えようとした。

もうひとつ、この改革の重要なポイントとして明治以来の「行政（国家）のちから」による教育・学校の管理は「西欧に追いつき、追いつけ」の時代は有効であったが、今後予測される近代の終焉、脱工業化社会（情報化社会）への転換には適応できない。学校教育の画一性の打破、閉鎖性の打破を目指すべきだとしたことである。完全に従来の文部省に敵対していた。その思想の核に個人（経済主体としての）の尊重が含まれていたことも大きな衝撃を与えた。

簡単にいえば、文部省（当時）が一貫して維持してきた「国民形成型」の画一的な教育を、子ども（生徒）の個人の自由を尊重した教育に変換するために、「教育の自由化」を実施すべきであると主張したのである。

たとえば、「教育の自由化」派をリードした香山健一《こうやまけんいち》氏（故人、当時学習院大学教授）は

「画一性に死を——東大を私学にせよ」という論文を書き、委員ではなかったが、渡部《わたなべ》昇一《しょういち》氏（当時上智大学教授）は「今こそミニ・スクールの自由化を」で「文部省でなくとも教育はできる」「塾を学校にせよ」と主張した。

文部省側はこれに必死に抗戦し、教育統制（管理）の伝統と既得権をバックにして、やっとのことで「教育の自由化」を抑えることに成功し、双方の中間点ということで「個性重視の原則」という了解点に達した。これ以降、教育・学校は当時流行った「規制緩和」を旗印としながら、「教育の自由化」の方向へと進むことになる。これは抵抗勢力だった文部省も同様で、寺脇研さんは私との対談で

〈とにかく（臨時教育審議会が）スタートした瞬間に「教育の自由化」という爆弾がドーンと落ちて、文部省に対して強烈なショックを与えた〉

〈確かに、私が個人的にも臨教審の自由化論に共鳴してることは事実です。しかし共鳴しようがしまいが、これはいわば閣議決定ですから、私が文部省の役人である以上、自分が気に入らないからやらないとは言えないわけです〉（『プロ教師の教育改革総点検！』、宝島社、一九九五）

この寺脇研さん（当時、広島県教育長）のコメントにはちょっとした、そして重大なト

リックがある。それは「教育の自由化」は臨教審で決定されていないことである。臨教審で合意したのは「個性重視の原則」までであった。だから、寺脇さんのいうように「教育の自由化」が閣議決定されるはずはないのである。

ことによると、一九九五年当時、寺脇さんが記憶ミスするほど文部省では臨教審で「教育の自由化」が決定したという勘違いが一般的だったのかもしれない。それほど「教育の自由化」思想が文部省の土台を揺るがせたのであろう。何しろ個人を中心に置いている。寺脇さんも雑談のなかで「教育の自由化」に「最初は強く反発したけれど、だんだんと真意がわかり、理解するようになった」と吐露していた。

保守から改革へのパラダイム転換

「教育の自由化」(個人の自由)は抗しがたいものだという風が文部省のキャリアのなかには流れていたのではないか。寺脇さんは「教育サービス」という言葉が使われ、「主役は教育を受ける側である」といわれだしたのも臨教審以後だと語っている。要するに、「教育の自由化」というスローガンは「個性重視の原則」によって中和することには成功したものの、文部省のキャリアのなかに「教育の自由化」はどんどん浸透していったらしい。何よりも「個人の自由」を核心に置いているからであろう。「個人の自由」が出てくると日本では誰も抗しがたい。

もちろん、ここからのちに大問題となる「ゆとり教育」につながっていく。教え込むのではなく、主体である生徒が学習課題を選んでいくという考え方につながっていった。「ゆとり教育」はさまざまな理由で挫折してしまい、現在はその対極ともいえる「学力中心主義」が教育界を席巻しているが、「行政のちから」に生徒中心主義がなくなったわけではない。

たとえば、「教員のちから」が生徒や親とのトラブル、とりわけ訴訟的なトラブルになると、私が見聞きしている限りではほとんどの場合、「行政」は教師側の味方をしない。地方によって質が違うのではあろうが、生徒や親への「教育サービス」が業務の理念的中心になっている（但し、東京都教育委員会にはまだ「教員のちから」に対しても親たちの「民間のちから」に対しても、行政としての「お上《かみ》」からの強面《こわもて》の要素が強く残っているようだが）。

戦後「行政のちから」と「教員のちから」が敵対したときに、教員組合が主張したように、教育行政は「教育環境の整備にかかわる事項」だけに専念すべきである、と同じあり方になってしまった。皮肉なことだが、これも民主主義の発展のひとつなのであろう。

いずれにしても、文部省が臨教審以降、国家的な意味での「行政のちから」を放棄し始めたことは明らかである。文部官僚の世代が変わってきたのである。寺脇研さんも『プロ教師の教育改革総点検！』の対談のなかで、私が〈キャリアの方はだいたい寺脇さんと同じような姿勢なんですか〉と尋ねたことに対し、きわめて率直に〈うん、そこはだから、世代的な問題もありますよね。やはり私たちは大学紛争後の世代ですし、それ以前の世代は、教育界の五五年体制である文部省対日教組という対立軸の中でずっとやってきたわけです。ですから人によって個人差はあると思いますけど、私たちより下の世代は、わりと私のような考え方を支持する人は多いでしょうね。もう少し言えば、臨教審以前の文部省を〝保守する官庁〟だったとすれば、それ以降は〝改革する官庁〟になってしまった〉と述べている。要するに、文部省では「国民形成型」の教育を「教育の自由化」を目指す「個性重視型」に〈改革する官庁〉にしようと動いているのが主流だと語っている。

氏は〈パラダイムが変わってしまった以上、もう五五年体制の手法は通用しない〉とも述べる。〈五五年体制の手法は通用しない〉ということは、革新側の「教員のちから」や親たちの「民間のちから」を抑えつけるような国家的な行政の動きはしないという意であろう。左右の対立（対立する二つの教育観）がなくなって、もう自分たちの教育観を力ずくで押しつける必要がなくなったと判断したのであろう。

福祉としての教育

実際、臨教審のあたりで教員組合や進歩的な学者たちの「教員のちから」はまったく世の中の動きや親たちの意向、時代の趨勢に対応できなくなった。左翼の階級史観で世の中を眺めていたからである（もっともまだ左翼史観で社会・歴史を考えている勢力はあるが）。権利擁護闘争はともかく、教育にかんする運動やカリキュラムの自主編成運動などは空回りするだけで、文部省と対決することなどできなくなっていた。

世の中のパラダイム転換を文部官僚が察知したのに対し、教員組合側はまったく理解していなかった（依然として「五五年体制」のなかに居るものと思っていた）のである。このあたりから、「教員のちから」はそれぞれ個人個人のバラバラの力になり、教員組合が束ねることはできなくなった。これも子ども・生徒たちが変容した同質の現象であり、社会構造・社会意識の「消費社会化」に対応している。

さて、文部省の「行政のちから」はパラダイム転換を受けて、国家としての「行政のちから」を消去しながら、親や子どもたちの教育要求を実現する「行政」へと変換していった。「教育サービス」である。自分たちの「正しい」教育観だけが残ったと考えたのである。

「教育サービス」は私が底辺の高校に居た八〇年代後半の「教員のちから」の果てしなき後退の実感と重なる。私はここで「教師はがんばった」けど「生徒はダメだった」などといおうとしているのではない。しかし、私たちが職員室で話していたことは、「学校は教育の場ではなく福祉の場になってしまった」ということであった。教員たちが教員になったときの志と実際に生徒に対してやっていることが変わってしまった。教育をしているという実感が持てない。教育とは生徒を「よい人間」にし、「賢い人間」にすることだと思っていたのに。次から次へと問題を起こす生徒とその親の対処に明け暮れ、やる気のない生徒に教科を教える。要するに、彼らが昼間街に繰りだしていかないように、学校という囲いのなかに保護している役割を果たしているだけではないか。

それが「福祉」をしているのではないかという真意である。勉強を教えようにも乗ってこない生徒を相手にして、教員になりたての若い人たちは本当に可哀そうだった。彼らは最初から一度も「尊敬された」ことがなかった。

文部省や教育委員会や管理職が政治性を放棄して、国家としての「行政のちから」からどんどん離脱し始める。保護者の一人が県教育委員会にクレームをつけたりすると、すぐに学校に保護者と衝突しないようにという類の通達が回ってくる。政治的な意味での「行政のちから」が消えてくると、「教員のちから」もその拠り所を失ってしまう。何を根拠にして生徒たちを教育していったらいいか。その突っ張り所を失ってしまった。「教員のちから」の半分以上は、親や生徒にとっては「行政のちから」と意識されていたからである。

とある「美談」

一九八九（昭和六四）年の冬、昭和天皇の御不例中で日本が静まりかえっていたある日、お昼の時間に校門にピザ屋の宅配のバイクがやって来た。こんなことはさすがにF高校でも初めてのことだった。あとで担任に調べてもらったら、親友が誕生日だったのでホカホカのピザを届けさせたという「美談」だった。

さて、みなさんだったら学校としてその生徒にどういう対応をすべきだとお思いになるだろうか。教師としては、「学校にピザ屋などを呼ぶんじゃねえ」と怒鳴りつけたいところだが、その根拠がない。校則に「出前を取るな」などとは書いてないし、そういう指導もしていない。リベラルに考えれば文句のつけようがない。生徒（たち）が明らかに学校を舐めているわけだが手の打ちようがない。しようがないから放っておいて、「来るピザ屋　昭和は遠くなりにけり」という戯れ句を作って憂さを晴らした。昭和天皇には若干不敬に当たるところなしとはいえないが、本当に雪が降りそうな寒い一日だった。私は雪が降っているような気がした。学校が強制的に指導力を発揮する時代が終わりつつあった。

第5章

教師が尊敬されない国に未来はない

危険な子ども中心主義

「主役は教育を受ける側です」は個人の価値を絶対軸とすれば、哲学的に正しい。しかし、主役の望むとおりに教育したら正しくなくなる。理屈と現実とは必ずしも一致しない。一国の教育は「生徒のちから」だけで決定すべきものではない。「行政のちから」もあれば「民間のちから」もあれば「教員のちから」もある。この四つの教育（学校）を動かすちからは、それぞれ方向性や利害を異にしている。四つの「ちから」が総合的に教育している。教育は教師だけがしているものではない。

それはほかの三つの要素が納得をしないで邪魔をするということもあるけれど、それ以上に言葉で表現したことが「正しい」としても、それを現実に当てはめるときに「正しい」ことになるとは限らないという事実がある。言葉で把握できるのはダイナミックな現実の一部にすぎないからである。

だいたい、主役である生徒は個人ではあるが、まだ「正しい」判断のできる個人であるとはいえない。私たちが教育を論じる際の個人とは、憲法の理念を体現し、教育基本法の教育の目的にあるように、〈人格の完成を目指し、平和で民主的な国家及び社会の形成者として必要な資質を備えた心身ともに健康な国民〉でなければならない。もちろん、おとなも完成された個人ではない。私たちはありうべき人間への永遠の途上にある。ましてや、子ども（生徒）たちは自立した個人、自立した国民を目指して教育を受けている過程にある。いわば、修業中の身である。いくら、教育の主体であるとはいえ、主体の望むものだけを教育するわけにはいかない。

また、主体が勉強したくないといっても、原理的には認めるわけにはいかない。近代は教育の上に成り立っている。子ども（生徒）たちが望むものを望む量だけ教育するとすれば、そこには一面的な正しさしか存在しない。「教育サービス」や商取引（等価交換）である。教育の内容が「正しく」保障されない。そこには、「行政のちから」「民間のちから」「教員のちから」が適切にかかわってこなければならない。

子ども中心主義は危険であり、現実には実行されることはない。子ども（生徒）の望むことと、教えなければならないことには差があるのが人類の必然である。

文化的動物としての人間

「主役は教育を受ける側です」とは、どのように親や教師たちが教育・訓練（躾）しようとしても、子ども（生徒）が自ら受け取らなければ意味をなさないという点で正しい。哲学的に正しいというのはそのことである。教育の現実の場において子ども（生徒）を実の主体として扱おうとするのは馬鹿げている。最初に動くのは親や教師である。現実の動きにおける主導権は親やおとなや教師が持つ。教育は近代的個人になろうとする者が自ら学ばなければ意味や価値をなさないが、初源において場を設定するのは親や教師である。

子ども（生徒）は勉学を選ばざるをえない環境に置かれることによって自ら選んでいる。そこには明らかに外的な強制力が働いている。出発点では「主役」ではなく、「主役」は敢えていえば「人類というもの」や歴史や世界や社会であり、それらに子どもは勉学を強いられる（強制的に与えられる）のである。そして、それらを代理しているのが「行政のちから」や「教員のちから」である。システム的には「行政のちから」や「教員のちから」は「生徒のちから」の「上」に位置しなければならない。このシステム上の上下は役割上の上下であり、それを人権上の上下に置き換えるところに、子ども中心主義を主張するリベラルな人たちの錯誤がある。

子ども（生徒）の人権を守るためには、強制的であっても子ども（生徒）を教育・訓練しなければならない。人間が文化的動物であるということはそういうことである。文化的動物とは文化によって浸透され、文化によって縛られている。教育というと強制性があってはならず、最初から最後まで「説得と納得」によって成立する（すべき、することができる）と考えている教育思想が一定の力を持っているのはまことに困ったものである。歴史や人間の理解がよくできていない。

教育は贈与

教育関係（親と子、教師と生徒）は対等な契約関係（交換関係）ではない。子どもは契約できない段階（生まれる前から）で学ぶことを宿命づけられている。ひとは文化を学ばないわけにはいかない。

私立に行けば、契約性が強まるが、それでも教育関係では契約的（合理的）な関係ではない、非合理的な上下性は残るし、かつ必要である。生徒は教師の教えること、指示することを、とりあえず包括的に受け容れなければ教育は成立しない。教えられること、指示されることの一つひとつを「交換」にふさわしいかどうか値踏みするわけにはいかない。値踏みする力も持っていない。

教育が商取引であってはならないとはそのことである。子ども（生徒）が「買いたい」ものだけを教えるわけにはいかない。そこが学校と塾（予備校）の基本的相違である。

教育は基本的には社会から贈与されるものである。その中心は「行政のちから」による贈与である。どこの国でも基本はそうなっている。具体的には、親やおとなや教師がおこなう。親の教育は義務とされており、親は子に教育を受けさせる義務を法的に負っている（義務教育）。子どもが教育を受ける義務は法的には規定されていない。これは「行政のちから」や親やおとなや教師によって教育を贈与される立場にあるということであろう。

「産業社会的近代」から「消費社会的近代」に入り、モノやコト、そしてヒトとヒトとのあらゆる関係性を交換（契約、商取引）関係として読み換えることが一般的になった。これを「成熟社会」という学者もいる。親の恩も贈与だから、すでに「産業社会的近代」から「頼んで産んでもらったわけではない」という交換関係に読み換えようとするフレーズ（憎まれ口）が利《き》かれるようになった。

また、私たちの世代は一九六〇年代に親やおとなたちに「関係ない」を連発して、共同体的な贈与を断ち切ろうとした。共同体的なつながりを無視（軽視）して、個人を価値の基軸にすれば、そういう言い草になる。だが、親からの反論として、「おまえ」という人間を希望して産んだわけではないといいかえすこともできる。これが交換関係である。近代は交換関係が中心の社会である（但し、贈与関係がなくなったわけではない）。

教師が孤立する原因

教育にかんする法令において、教師と生徒との関係は、〈教諭は、児童の教育をつかさどる〉（『学校教育法』）とある。これしかない。「つかさどる」とは国語辞典によれば「役目としてその事に当たる」ということらしい。非常にニュートラルで「上下」性が明確に示唆されていない。何ら教師の優先性は示されていない。だが、教師に優先性がないと教育は始まらない。

きっと、制定当時、教育は普遍的なもので教育観の相違や立場上の利害が発生するとは考えられていなかったのであろう。しかし、いまは教育という営みは人類（西欧文明の創った観念）に普遍的であることではみんな一致しても、どのような教育の捉え方、どのような教育のあり方が普遍的であるかの一致はない。とりわけ、「行政のちから」が自ら政治性（指導性）を排除して以来、それぞれに「正しい」があるとしかいいようがない。

現在「行政のちから」はモンスターペアレントやクレーマーの対処さえできず、教師たち（「教員のちから」）は孤立している。『朝日新聞』も〝賠償保険　教員の「お守り」〟という見出しで、〈本来は自治体など設置管理者（「行政のちから」）がカバーするはずの学校トラブルの賠償に、教員個人が備える教職員賠償共済・保険の加入者が増えている〉と報道している（二〇一五年八月一四日付朝刊）。

教育（学校）を動かしている「行政のちから」「民間のちから」「教員のちから」「生徒のちから」は、当然近代の社会システムとしての共通点があるから、それなりに機能しているが、教育の考え方、組み立て方、運営の仕方においてそれぞれ見解を異にしており、衝突がある。それを調整するのが「行政のちから」であろう。調整するためには深い哲学と多様な教育観と政治的な優先性を持っていなければならない。それが現在どこにも存在しない。

そのせいか、元大阪府知事、元大阪市長の橋下徹《はしもととおる》さんのように、選挙で当選したからといって教育の思想や論理を媒介にしないで、直接教育現場に手を突っ込んで、現場を混乱させる人が居る。「民間のちから」（選挙の結果）に支持されているから、どのようにも「行政のちから」を行使できるとしてかなり自由に振る舞っている。役人たちの「行政のちから」（伝統、慣習、指導性）をもかなり強引に無視していたらしい。

橋下さんの教育への介入の遠因には、文科省が国家としての「行政のちから」を臨教審以降放棄したことが関係している。臨教審で出された「教育の自由化」には子ども（生徒）が自己形成する自由も含まれている。したがって、文科省は子ども（生徒）の国民形成、個人形成も放棄したといえる。それは『教育基本法』の精神や趣旨に違背《いはい》していよう。文科省は『教育基本法』を現実化する直接の責任があるからである。

行政のちからに求められること

ここで「行政のちから」、特に文科省、教育委員会の任務について、ジャーナリズムの各方面で活躍されているお二方がコメントしているので引用されてもらおう。私は必ずしもお二方の発言に賛成ではないが、文科省は「(教育)行政のちから」のトップとしてこれくらいの蛮勇をふるってもいいのではないかという気がする。

雑誌『文藝春秋』(二〇一五年一一月号)で「新・教育論」と題した、ジャーナリストの池上彰《いけがみあきら》さんと作家の佐藤優《さとうまさる》さんの対談が載っている。池上さんは教育世界一といわれるフィンランドでは「国家教育委員会」という組織があり、〈この組織が教育全般に関する大きな権限を持ち、全体を取り仕切っている。委員は全員、教育の専門家で構成されているプロ集団です。彼らが教育カリキュラムを作成し、学力テストを実施して、継続的にデータを取りながら、そのデータにもとづいて、カリキュラムを改善していくんです。日本の文科省にあたる教育文化省は、それに基づいた予算措置をする役所でしかありません〉

と語っている。日本と異なり、「行政のちから」の政治性（力）を充分発揮しているわけである。

また、佐藤さんは〈幼児教育に力を入れるのは実はとても重要ですから、幼稚園・保育園から後期中等教育までは国家の責任だと考えて、もっと多くの予算をつけるべきです〉と述べ、国家の責任と指導性を強調している。

お二方に共通しているのは、教育を子ども（親）の個人的営みと捉えるのではなく、共同体全体の共同事業と位置づけていることである。教育を個人や家庭の私的利益にかかわる文化資本に限定しないで、社会資本の向上、共同体の文化的・経済的発展にかかわるものと捉えている。これはとりわけ最近の文科省やアカデミズムの学者・研究者にない発想である。現在、教育事業でもジャーナリズムでもアカデミズムでも、教育の論理は「個人から出発して個人に還る」自閉的な構造のなかを循環している。

理想の関係性

ここからは『尊敬されない教師』のまとめとして、「教員のちから」とほかの三つの教育・学校をめぐる「ちから」との関係を考察してみよう。

まず、「教員のちから」はそれ自体、独立して権威と力を持っているわけではない。戦前の教師の権威は天皇制の裏付けがあった。戦後はGHQのバックがあった。独立を達成し、「産業社会的近代」になってから、「行政のちから」「民間のちから」「教員のちから」「生徒のちから」の争いは表面化したのである。特に「教員のちから」は「行政のちから」に支えられていなければ知的な影響力を持ちえない。もちろん、「教員のちから」には真理や科学や歴史などの知的優先性がある。

実は本書では独立した項として立てなかったが、「大学のちから」に支えられた二次的な知的・文化的優先性としてある。知的・文化的先端性がないことが「尊敬されない教師」のひとつの理由になっているかもしれない。

それはともかく、教育の場における知的・文化的優先性において、「民間のちから（市民社会や親たち）」に支持されるためには、その知的内容が「行政（国家）のちから」の承認がなければならない。いかに真理や科学としての正しさがあっても、「行政のちから」の保障がなければ「民間のちから」は信用してくれない。

このことを「生徒のちから」とのかかわりで述べれば、「教員のちから」に「行政のちから」や「民間のちから」の支持・保障が必要なのは、授業において子ども（生徒）は

「わかる」（交換・対等関係）からではなく、「信じる」（贈与、上下関係）ことから「知」を学び始めるからである。「わかる」ようになったら、自力で学べるようになる。最初は「信じて」呑み込むのだ。

「生徒のちから」も「民間のちから」も学校で教えることはそれが「正しい」から学ぶのではなく、「行政のちから」によってそれが「正しいとされている」から受け容れている。「正しい」の判断ができれば、あとは自分で学べる。いま述べたことは政治的な意味だが、もうひとつ経済的な側面でいえば、それが「受験に役立つ」から受け容れるという側面があろう。

したがって、教師は「行政のちから」の管理下にあり、教えていることが「受験」の利益につながっていて、かつ、そのプロセスで子ども（生徒）の自我が傷つけられることのない場合に「いい教師」だと見なされることになる。「いい教師」だと見なされるということは、ほぼ「尊敬される教師」だと考えてよかろう。もちろん、これは「生徒のちから」や「民間（親）のちから」から見た「尊敬される教師」である。「行政のちから」から見ても、「民間のちから」から見ても、「教員のちから」から見ても、「生徒のちから」から見ても、妥当な「尊敬される教師」はありえない。つまり、誰かまたは何かから見て利益のある者が「尊敬される」のである。

「教員のちから」は単独性や独立性を持っていない。ほかの「ちから」に保障されるか、支えられることによって成り立つ「教員のちから」を考えると、そこに所属する特定の個人が尊敬されることはめったにないことであろう。私たちが教師を教師と見なすのは、その人が学校に所属している公的な（つまり、「行政のちから」の管理下にある）存在であるからである。その人そのものの知的力量や人格性のすばらしさを感受して「教師」と認めるわけではない。教師が放課後、街へ出て行って、「さあ、私は教師です。みなさん集まりなさい」といっても誰もやって来ない。

つまり、すべての教師はほかの「ちから」によって「教師とされている人」のことを指すのである。その意味では「尊敬されない教師」は「消費社会」に見合うふつうの教師のありようかもしれない。教師と生徒を、神話的な師と弟子と混同してはいけない。

教師（「教員のちから」）は基本的に「行政（国家）のちから」によってその権威が担保されている。しかし、それだけではない。近代社会を構成する「知」、つまり、真理や科学や歴史や社会のあり方や人間のあるべきすがたや実際にあるすがたを知っている必要がある。広い意味で文化と呼ばれるものである。教育は世代から世代への文化遺産の伝達であるともいわれている。そして、子ども（生徒）たちに近代の文化、人類の文化、世界や宇宙へとつながっていく「知」への道筋を教えるのが任務である。

但し、教師は集積された知識をわかりやすく教えるのではなく、つまり、問題の答えを教えるのではなく、子ども（生徒）が「知」へと歩いていける道筋と歩き方を教えることが肝要である。そのためには、教師である自分の思考の組み立てや発想の仕方や、人間としてのあり方を認知していなければならない。

そして、子ども（生徒）たちや子どもたちの個々がどのような思考の組み立て方で「知」や真理や科学につながっていくかを洞察できなければならない。これが一番むずかしい。この意味で、教師は「知」と「人間」に対する専門的な力量を持っていなければならない。これは本人が自覚して身につけないといけない。誰も助けてくれない。

したがって、「教師のちから」は世間的には「行政のちから」の管理下にあることによって権威化されているが、本当は「知」の準専門家として、子ども（生徒）に対する人間的専門家として、「自立」「独立」していなければならない。これが私の「教員のちから」に対する期待である。

行政のちからを利用せよ

私は三七年間高校教師をしていていろいろと変貌を遂げてきたが、若き左翼教師として出発したから「行政のちから」に対しては敵意を抱いていた。国家の代弁者だと思っていた。教員として身分や職務上の『行政のちから』は基本的に受け容れたが、教育内容にかかわること、生徒の指導にかかわることにかんしては「教員のちから」に優先性があると考えてきた。これはいまも変わらない。ついでにいえば、一九六〇年代の二〇代の頃は「行政のちから」には敵意を持ち、「民間のちから」には資本主義的人間を創ろうとしていると反感を抱き、「生徒のちから」には日本の未来を担う若者たちとして期待を抱き、「教員のちから」に対しては半分信じ、半分否定しなければならないと思っていた。

教員として経験を積んで中堅として動けるようになってからは、「行政のちから」に対しては敵対すべきではなく、教育内容や生徒にかかわることは妥協はしないが、「行政のちから」の指導性・権威性は認めなければならないと思うようになった。

私は昔もいまも「行政のちから」はあまり信用せず、親近感はまったく抱いていないが、自分の望むような教育をおこなうためには「行政のちから」、特に管理職を味方につけなければならないと思うようになった。「行政のちから」は「教員のちから」のシステム上の「上」にあり、とりわけ、管理職の基本的支持を受けなくては、学校で自分の望む教育活動はできないからである。

管理職は打倒の対象ではない。学校で階級闘争をやるべきではない。学校運営のあらゆる権限は教育委員会ではなく校長に集中しており、校長が潰れたら学校が潰れるからである。だから、校長さんは大切にしなければならないと、私は一九七〇年代後半から考えてきた。言葉は悪いが、「教員のちから」を発動させるためには、管理職を「利用」する必要があるのだ。私は教員生活の中盤から終盤にかけて、管理職と職員会議でも熾烈なやりとりをしてきたし、教育内容や生徒の指導は「教員のちから」の専権下と考えて妥協することはなかった。だが学校運営や教員間の調整などにかんしては一貫して校長の意見に従ってきた（そのことを捉えて、諏訪は「権力に少し弱い」と陰口を利《き》く人もいた）。

しかし、私は「行政のちから」と階級闘争をやる気はさらさらなかった。「教員のちから」は教育が生命である。闘争は生徒とやる必要がある。「教員のちから」を担う者としては「行政のちから」を「利用」する必要がある。私はいつも管理職の職務上の権威を認めてきた。これはどんなに人間性に問題があると思う管理職に対しても同じである。校長室へ喧嘩を売りに行くときも、「校長さん、意見具申ですが」と断ってから、散々ひどいことをいった。不思議に校長さんからは嫌われなかった。校長の基本権限を犯さなかったからである。「教員のちから」は自立性・独立性がないために、権力関係や人間関係で動いている。「正しい」から賛同するわけではない。みんな管理職は嫌っているらしいが、何となく従っている。

教員としての私の拠り所は「教員のちから」のありうべき（あってほしい）自立性・独立性という目に見えない頼りないものである。目には見えないけれど人間の可能性であるものかもしれない。そういう頼りない「教員のちから」に依拠して、私は「行政のちから」の管理下にありながら屈服することはなかった。「行政のちから」（文科省、教育委員会や管理職）には教育公務員として従わざるをえないが、「教員のちから」に属する私は教師としての動きにおいて「行政のちから」に従っていると思ったことはない。その誇りと自信が教師としての自立性であり独立性である。教員組合の基本方針のように、文科省の施策を頭から毛嫌いして反対するということはないが、ほとんど信用したことはない。「行政のちから」も教育の統括的権威としての自立性・独立性がないからである。

低能で問題な教育委員会

「行政のちから」はいまはだいたい「民間のちから（親）」と「生徒のちから」の直接的な要求に応えようとして動いている。当てにできない。だから、教師としての私が正しいと思うことをやってきた。教育委員会の指導・指示に対して行政上は従うが、「教員のちから」の一部である教師としての私は影響を受けないし、従おうとしない。

それにほとんど参加したことはないが、教員委員会の主催する研究会や伝達講習会に対しても感心することも、賛同することもまったくなかった。いつもネガティヴに学んでいただけである。どうして「行政のちから」の研修会はあれほどつまらないのだろうか。教員になると初年次研修があり、五年次研修、一〇年次研修と続くらしいが、「ためになった」という教員に会ったことがない。「意味がない」とみんないう。

これはおそらく教育委員会のスタッフの知的レベルの幅がせまく、低いからとしかいいようがない。もちろん、彼らも大学の学者・研究者の指導は受けているのだろうが、その大本《おおもと》の学者たちの教育観、教育論がリアリティに欠け、深い人間観、世界観に裏付けられていないのであろう。これは私の実感である。アカデミズムの教育村《むら》でお互いに論文を学界の内部に向けて撃ち合っているというのが私の印象である。

その意味で、文科省が示唆したとかいう人文社会系の講座を整理しろという方向性は、教育学においては半分以上「正しい」と私は思う。八割か九割ぐらいは無駄な人材であろう。まあ、無駄な学者がいるのも文化の高さを象徴してはいるが（但し、賛成といっているわけではない）。

ついでに、現場の教員から眺めた管理職たち（多くは教員委員会で管理主事や指導主事を経験している）のありようについて触れておきたい。私は中堅になってから校長さんには敬意を払ってきたが、人物的に「尊敬」したことはほとんどない。戦前の教育を受けてきた校長さんはそれなりの風格と人間性において優れていたと思う。逆にいうと、戦後育ちの校長さんは人格性においてふつうの人と変わらない。「尊敬」というと敬意と違って、その人の人格性の評価が含まれるので、私が一定程度「尊敬」できた校長さんは一人か二人だったと正直にいっておこう（二人とも戦前の教育を受けている）。

それに世の人たちは校長になる人は識見、人物ともに優れた人だと思っているらしいが、私の見聞ではまったくそういうことがなかった。少なくとも高校ではあまり優秀でない人が管理職になりたがり、なっていく（小・中はちょっとわからないが）。だから、「行政のちから」も「教員のちから」と同程度の人材で構成されている。ふつうの教員は教育委員会のスタッフを指導者だとは思っていない。そう思っているのは自分がなりたい人だけである。

それともうひとつ、なぜか校長になった人は教員をその学校歴で測る習性がある。有力な大学を出た教員は優れている、学部卒より研修科、修士を出た教員の方が優れていると思っている様子だった。これは謎で、私にもどうしてかわからない。「行政のちから」の習俗なのかもしれない。つまり、日本の教育行政に巣食う病癖なのかもしれない。

いずれにしても、教員委員会は膨大な人員を抱え、たくさんの職階に分かれているが、少なくとも現有の人数は必要ないと思う。この人たちが教員に報告書やレポートを要求するので、日本の教員は文書作りに追われて世界一の超過勤務をしている。あまり必要ないと思われるスタッフを減らせば、教員の超過勤務は大幅に減ると思われる。

私は退職して一五年ほどになるが、ここ一五年ほどの現象らしい。私だったらとうてい我慢できなくてヒステリーを起こしているだろう。彼らは自分の職分を守るために、教員にレポートを出させている。教育上の成果を見込んでのことではない。

何度もいっているが、私は行政上の立場は守るが、教育活動や生徒の指導等についての「上」からの点検や査問には応じたくない性格の持ち主である。教育活動上、意味のないレポート作りをさせられるのは御免である。後輩の人たちの報告を聞くと、毎日二、三時間残業しなければできない量の文書だそうである。ぜひ教育委員会は業務を縮小し、人員も半分以上減らしてもらいたいと思う。「教員のちから」を教育活動に向けられるようにしてもらいたい。

政治家の短絡的思考

「教員のちから」と「民間のちから」との相克では、いくら学校に毎日居るからといって、「教員のちから」は圧倒的に弱い。何といっても、「民間のちから」（企業）は経済を動かしているからである。今回の文科省の人文科学系を縮小せよという示唆も、経団連から出てきたという噂である。

大学は一度専門教科を早い段階から始めて、一般教養を失くすということころみをやっている。これについてはやはりすぐ企業に役立つ（と思われる）専門教科重視は、本当に企業に役立つ人材育成に成功していない、リベラルアーツ（一般教養）は無駄なように見えて総合的・先進的な優れた頭脳を育成するのに必要だという学問的な世論が形成されかけていた矢先の話である。こういうときには「教育」側は幅広い「知」を身につけることが人間形成上も、そして、専門の狭い分野で優れた研究を成し遂げる上でも必要であるという論になる。一般的にいえば「人間形成」の側面である。それに対して、企業側は近視眼的に専門が企業にすぐ役立つ即戦力を身につけさせるべきだということになる。

最近の政治を動かしている政治家は大阪の橋下さんも、首相の安倍晋三《あべしんぞう》さんもこういう短絡的な発想がよく身についているようである。思考の回路というか、課題を解決しようとする上での方程式が単純なのである。こういう人たちは教育というと「人間形成」ではなく、「学力向上」と考えるのである。教育の論理や現場を充分に潜《くぐ》った発想ではない。

こういう政治家が力を持っている以上、私は巨大な教育委員会は必要だと思ってしまう。政治家の政治力が直接現場に伝わりにくくするためである。教育の論理や現場を通らない改革案を出しにくくするためである。これは教育には直接かかわらないかもしれないが、新聞報道によると強引に大阪の教育を変えている橋下さんは施策の反対者に「文句があるなら次の選挙に勝ってみろよ」と反論するらしい。橋下さんのこれに類する発言を目にすると、私はこれが「民間のちから」が選んだ知事であり市長なんだという強烈な脱力感に襲われる。

選挙は全権を与えるものではないということがわかっていない。まるでヒトラーかスターリンのようなあり方で、少なくとも西欧の近代が長い間血を血で洗って創り上げてきた代議制の民主主義がまったくわかっていない。優秀な大学を出ておられるらしいが、小・中・高といったい何を学んできたのか、その頭脳はどうなっているのか、人類の歴史といま自分のやっていることを比較したことはないのか、いわゆる教養を身につけてはいないのかと思わざるをえないのである。

これから必要とされる人間の質

東京大学も京都大学も世界の最先端を行けるような優秀な人材は、ペーパーテストでは選別できないことに気づいて、狭い入口ながらも推薦入学を採り入れるという。国立大学協会も二〇一六年度を目処にＡＯ・推薦枠を入学定員の三割まで増やすことを決定したという。企業も一時期日本式の経営を止めて、実績重視の昇進システムや給与体系を採り入れたりしたが、多くは勤労意欲も低下し、結局採算性にも馴染まないということがわかり、有力な企業は元のシステムに戻りつつあるという話だ。

ポイントは結局人間であり人材のあり方であり、仕事マシーンや利己的な経済人ではないのであろう。「民間（企業）のちから」を無視したり、軽視したりしていいとはまったく思っていない。「行政のちから」も「教員のちから」も「民間のちから」を教育の論理と現実を通して受け止めて、教育を改善していく必要がある。やみくもに生徒に成績競争させることは、工業生産や企業の効率性からきた発想であろうが、「人間形成」においても「学力形成」においても成功するとは限らない。「人間形成」を重視するのは「教員のちから」の任務であろう。そういう傾きは必要だ。下世話な話だが、教員の多くは成績のいい子より、性格のいい子の方がずっと好きなのである。

一致しない教師と親の理念

次に、「教員のちから」と親(保護者)の「民間のちから」との関係について触れたい。まず最初に、教師と親は子ども(生徒)にかかわる教育の理念と利害において、必ずしも一致する立場にはないことを強調しておきたい。よく教師も親も本当に子ども(生徒)の成長や幸せを望んでいれば、意見が一致するはずだといった甘っちょろいことをいう学者や研究者、そして評論家が居る。確かに、子ども一般のことを論じるのなら意見は一致するかもしれない。街で教育論をすれば「先生は大変ですね。親がしっかり教育をしないからいけないんですよ」とみんないう。

しかし、親の躾が足りないといっている当の本人が子どもを甘やかしていることはめずらしくない。躾賛成といっている親もその対象が我が子ということになれば話が違ってくる。それぞれの国に必ずナショナリズムの激情《パッション》があるように、家庭にもホーミズム（我が家中心主義）が働いている。ましてや親はその直接の責任者なのだから、我が子が学校で「強い指導」を受けたりすれば自分に責任が被さってくる。それをそのまま受容したりしない。

「教員のちから」は必ず「望ましい生徒のあり方」という考えで生徒全体を指導し、個々の生徒を眺め、対応し、指導している。ときどき、その子の「ありのまま」をそのまま肯定せよという意見があるが、仮に「ありのまま」を受け容れたふりをしたとしても、（子どもの「ありのまま」をそのまま受け容れることは、近代社会ではできないはずだ）その裏側に「何とか改善しよう」という教育的意志が「教員のちから」には働くはずである。そうでないと教育というものを否定していることになる。子どもたちの「ありのまま」がそのままで学校を跋扈《ばっこ》したら、学校ではなくなってしまう。

学校（「教員のちから」）の任務は子ども（生徒）の「ありのまま」を受け容れることではなく、「あるべきすがた」に変えようとすることである。親の責任にもそういう要素があるが、親は教育より養育の要素が強いし、肉親の情があるし、余裕もないし、教育的意欲も（ふつうは）あまりないから、教育に徹することはできない（かえって、とりあえずの平穏を保ちたがる）。

教師と生徒は肉親的利害関係がない社会的な関係だから、その子どもに対する思い入れは親とはまったく違う（もちろん、教師も生徒の好き嫌いがあることは否定しないが）。教師も個人である以上、客観的な「正しい」見方で生徒たちや生徒の個々と接しているとは保証できないが、少なくとも親に比べれば中立的である。生徒の観察も時代的な差やそのときのクラスのふんいきやほかの生徒との比較も考慮して、親よりは客観的に見ることができる。そういう親と教師がふつうに特定の子ども（生徒）をめぐって意見交換して一致するのはむずかしい。どうしても、相違の方が大きくなってしまう。だが、親にはローマ法以来の「自然権」としての子どもの支配権がある。まともにやってこれに学校の教師が太刀打ちできるはずがない。

教育基本法改正の最大の問題点

それにこれは「行政のちから」（文科省）が犯した決定的なミスであり、実はあまり触れたくないのだが、事実だから指摘しておく。文科省は第一次安倍内閣のときに『教育基本法』を改正した。国論的にも賛否両論あり、学者・研究者たちのほとんどは反対した。私自身は『教育基本法』を変えることには反対ではなかった。

ところが、発表されたものを読むと、それまでなかった（家庭教育）という項がつけ加わっている。子ども（生徒）たちの変貌を認識し、家庭での教育の必要性を強調しようとしたのだと思われる。その意図に反対するわけにはいかない。ところが、内容に大きく問題になるところがあった（不思議なことに、ジャーナリズムもアカデミズムも何にもコメントしなかった）。第10条である。

〈父母その他の保護者は、子の教育について第一義的責任を有するものであって、生活のために必要な習慣を身に付けさせるとともに、自立心を育成し、心身の調和のとれた発達を図るよう努めるものとする〉

家庭教育の後退は以前から語られている。教師の保身的な考えからすれば、もっと家庭でしっかり躾をしてきてよと思ってしまうことはある。家庭・地域・学校の教育の三層構造のなかで、家庭の教育力の低下はほぼ常識化している。そういう世の中的な常識を踏まえて、家庭に子どもの教育の責任をしっかり自覚してもらうためにこう書かれたのであろう。

私が気にしているのは、〈父母その他の保護者は、子の教育について第一義的責任を有するものであって〉という出だしの部分である。「第一義的」とする必要はあったのだろうか。これは先に触れた子に対する親の自然権としての「支配権」「所有権」を明文化したものであろう。完全に教育の「私事性」（もともと子の教育は親の任務であり、学校・教師の持つ教育権はその委託を受けたものという考え）を認めたものである。ここはもう少しぼかして表現すべきところだったのではないか。

かつて、「家永《いえなが》教科書裁判」が長いこと争われ、そこで焦点になったのは子どもを教育する権利は「国家」にあるのか、「国民」にあるのかということであった。文科省はそれを一気に跳びこえて、父母または保護者にあると規定したのである。そうなると、社会や学校や教師の教育権はどうなるのか。「責任」は「権限」でもある。「第一義的」があれば「第二義的」も「第三義的」もある。親や保護者に第一義的責任があるということは、いうなれば子に対する親の「所有権」を認めたのと同様である。親に子の「所有権」を認めていいものだろうか。子どもは親の所有物であると一義的に規定できるものなのだろうか。子どもは社会の子でもある。「神の子」といういい方がキリスト教国ではない我が国にもある。

子を育てる責任はまず親にあるというのならわかる。その子の将来にかかわる教育にかんして親に「まず」責任があるというのなら納得できる。あるいは、〈子の教育について〉の前に「家庭においては」をつけ加えるのならば了解できる。

この条文のように無限定に〈第一義的責任を有する〉はおかしい。『教育基本法』には格調高い〈前文〉があり、「教育の目的」があり、「教育の目標」がある。これらを将来の日本を担う子ども（生徒）たちに実現化するのは、「行政のちから」の責任であるし、実際に教える中心は「教員のちから」である。親（保護者）が〈子の教育について第一義的責任を有する〉ということは「権限」を有することである。そうなると、「行政のちから」や「教員のちから」の教育する「権限」は親（保護者）が認めた場合においてのみ発揮できるということになりはしないか。少なくとも、二義的、三義的、つまり、副次的なものになってしまう。

学校（教師）が親（保護者）と教育方針や指導方針が対立するということがあろう。そのとき、親から「うちの子の教育については私（親）に第一義的責任がありますから」といわれたら、学校や教員は反論することさえできまい。少なくとも、裁判に持ち込まれれば親（保護者）が勝つに決まっている。

いまのところ、親（保護者）たちがそれほど悪辣《あくらつ》でないから、何とかごまかしてバランスを取っているが、親に本当に〈子の教育について第一義的責任〉があるのなら、本来、「モンスターペアレント」や「クレーマー」という名称は成立しないはずである。どんなクレームや要求でも親だから「正当」なはずである。〈子の教育について第一義的責任を有〉しているのだから、何を主張、要求しても、法的には学校や教師に負けることはない。「行政のちから」を担う人たちはこのことをよく頭に入れて親（保護者）と対応すべきであることはいうまでもない。何といっても、とりあえず法は絶対なのだから。

教員のちからの重大性

そんなこんなの混乱状態のなかで教育活動をしているのだから、「教員のちから」の責任は重大である。「教員のちから」はほかの三つの「ちから」を調整して、自立的、独立的に教育を成立させなければならない。世間的にも法的にもそれほど支援がないにもかかわらずである。

だから「教員のちから」は「行政のちから」に対しても、「民間のちから」に対しても、「生徒のちから」に対しても力負けしないような知的・人間的自立性を身につけることが望ましい。これは不可能なくらい困難なことであるが。

私は実際問題として教育・学校がそれほどの大混乱に巻き込まれないのは、「教員のちから」が「ほかのちから」のさまざまな主張や要求を、生徒たちとのあいだに立って、智恵と体力と伝統と技術を使ってうまく調整しているからだと思っている。この秘術は文字ではうまく表現できない。学校の「本当」はうまく外には伝わらない。

教員たちは彼らが頭で意識している以上の働きを巧みにやり遂げている。教員たちは世間の評価や「尊敬」をずっと上まわる営為をしている。「教員のちから」はほかの先進国の教員たちのように教科を教えているだけではなく、「学力形成」とともに「人間形成」にも携わっている。西欧諸国では学校では教科を教えるだけで、精神面・情緒面の導きは牧師や神父の仕事である。つまり、学校は近代化によってできあがった教会の世俗版ともいうべきものである。

ところが、教会を持たない私たちの「教員のちから」は、「学力向上」と「人間形成」の両面においてその仕事をやり遂げてきている（もちろん、「いい教育」になっている場合も、「悪い教育」になっている場合もあるが、どちらも「人間形成」には役に立っている。善だけを知っていても人間はこの社会をうまく生きて行くことはできない。プラスもマイナスも教育には必要である)。

日本の学校は利己的な個人がやってきて、必要だと思う知識を身につけて、利己的な個人のまま家庭に帰っていくドライな場ではない。私たちは学校生活を経て誰でも変容を遂げている。日本の学校はそういう学校である。学者・研究者はここがまったくわかっていない。私たちは自分の人間的あり方の多くを学校から、それも交友関係から得ている。自我の力もまだ不充分な段階で、集団の生活のなかに入り、遊びや学びや生活のなかで自己形成していく。近代的個人を創っていく。

そういう知的・生活的向上の場を取り仕切っているのは、やはり「教員のちから」を措《お》いてない。欧米の有名人の自伝のようなものをいくら読んでも、不思議に小学校や中学校や高校の人間関係のなかで、「私はこう変わった」というところが出てこない。ヒラリー・クリントンさんは逆に「私は他人《ひと》の意見によって絶対に動かされないように」家庭できつく教育されたといっている。

もちろん、子ども(生徒)の変革の要《かなめ》となる「教員のちから」にはさまざまな個人、優れている人もそれほど優れていない人も、生徒のことがよくわかる人も生徒にあまり関心を持たない人もいる。それでも、子ども（生徒）の生活能力の向上や知的成長にかかわる仕事が任務であることを、「教員のちから」はよく承知している。

たまに「問題な教師」が居たとしても、多くは集団（みんな）でその欠点を補って問題が大きくならないように教師も生徒も守る態勢が自然と作られている（東京都の「行政のちから」はそういう日本的な相互扶助の教師同士のつながりを解体しようとしているようだが）。だから、特定の生徒に対しても、集団の生徒に対しても、すべてを教えているという確信を持つ教師は「おかしな教師」なのである。

個人として尊敬される必要はない

最後に、「教員のちから」と「生徒のちから」の相克について述べてみよう。私が「教員のちから」と「生徒のちから」と分けて書いているように、これは簡単に一体化できるような柔《やわ》な関係ではない。

「教員のちから」は子ども（生徒）に文化や生活の型を強いるものである。思考方法と知識を強いるものである。仮に、一人の教師と一人の生徒が対面している場面があったとしても、これは同等かつ対等な人と人が向き合っているのではない。本人たちはときにそう錯覚するかもしれないが、これは学校という社会システムに介在されて向き合っている。「教員のちから」と「生徒のちから」の対面なのである。

これを人間と人間とか、人と人とが、個人と個人の純粋なつながり（対面）であると勘違いしてはならない。違う文化と違う文化が向き合っている。文化と文化は争う。教師と生徒の関係で一番危い点は、自我と自我の争いが必ず含まれていることである。だから、逆に個人的な親近感（インティマシー）が生じやすいともいえる。

「教員のちから」がここで一番心すべきことは、「教員のちから」と「生徒のちから」の相克、衝突を個人と個人の争いに転換しないことである。個人と個人の争いは必ず生じるし、絶対に避けねばならないものでもないが、個人はさまざまなので非常に険悪な関係に陥ることがある。逆に、非常に親密なつながりになることもあるが、どちらも「教員のちから」と「生徒のちから」という教育的に本質的な関係から生じる余波であり、とりわけ教師はこれを本当の個人と個人の出会いと錯覚してはいけない。

教師と生徒というシステム的な関係を越えて個と個が出会う可能性がないわけではない。だが、そういう関係のつながり方はめったにあるものではなく、何の関係においてもそうだが束の間のものである。要するに、「教員のちから」と「生徒のちから」との間には、文化的にも心情的にも深い溝が穿《うが》たれていることを知らなければならない。「教員のちから」の任務は生徒（子ども）と親密になることではない。もちろん、親密になっても硬（公）式な教育関係が保たれていれば問題はないが、「教員のちから」の果たすべき役割の重要さを考えれば、とりあえず目の前に居る生徒たちに支持される必要はないと敢えていっておこう。私たちが働きかけるのは「生徒のちから」であって、個々の生徒の好悪の感情ではない。個々の生徒の感情に引きずり回されると、教育上の「教師のちから」の働きが不安定、不確定なものになる。

教師は「教師のちから」の一環として生徒（子ども）に認知されることが大切であり、「尊敬される」よりも敬意を持たれ、むしろ、「畏敬される」ことこそが大切である。その境地に立たないと「教師のちから」の自立的、独立的働きを全うすることはできない。教師は「裸の個人」であってはならない。個人として「尊敬される」必要はないのだ。その意味で、「教員のちから」は生徒（子ども）たちの自我と同じ水面で生活してはならない。ずっと高い位置から生徒の個々の固有性を大切にしつつ、対応していくべきなのである。

教師は本質的に孤独である。生徒にチヤホヤされることを望んではならない。

諏訪哲二（すわ　てつじ）

1941年千葉県生まれ。「プロ教師の会」名誉会長。作家。東京教育大学文学部卒業。埼玉県立川越女子高校教諭を2001年3月に定年退職。「プロ教師の会」は、80年代後半に反響を呼んだ『ザ・中学教師』シリーズ（宝島社）をはじめとして、長年にわたり教育分野で問題提起を続けている。著書に『学校はなぜ壊れたか』『プロ教師の見た教育改革』（以上、ちくま新書）、『なぜ勉強させるのか？』『間違いだらけの教育論』（以上、光文社新書）、『オレ様化する子どもたち』『生徒たちには言えないこと』『いじめ論の大罪』『「プロ教師」の流儀』（以上、中公新書ラクレ）など。

尊敬《そんけい》されない教師《きょうし》

二〇一六年一月二〇日　初版第一刷発行

著者◎諏《す》訪《わ》哲二《てつじ》

発行者◎栗原武夫
発行所◎KKベストセラーズ
東京都豊島区南大塚二丁目二九番七号　〒170-8457
電話　03-5976-9121（代表）

装幀フォーマット◎坂川事務所
印刷所◎近代美術株式会社
製本所◎株式会社積信堂
ＤＴＰ◎近代美術株式会社

ISBN978-4-584-12494-9 C0237

ベスト新書
494